EL ÁRBOL VIAJERO

EC
EDITORIAL CÁNTICO
COLECCIÓN · DOBLE ORILLA, NARRATIVA
DIRIGIDA POR RAÚL ALONSO

cantico.es · @canticoed

旅をする木
TABI WO SURU KI
por 星野 道夫 (Michio Hoshino)

Edición original japonesa publicada por Bungeishunju Ltd., en 1995. Derechos de traducción al español reservados por Almuzara Libros, bajo licencia concedida por Naoko Hoshino, concertada con Bungeishunju Ltd., a través de Japan UNI Agency, Inc., y Vicki Satlow de The Agency, srl

Editorial Cántico
Parque Logístico de Córdoba
Carretera de Palma del Río, km. 4
14005 Córdoba

Imagen de cubierta: Equipo de diseño de Almuzara Libros

ISBN: 978-84-10288-17-1
Depósito legal: CO 1295-2024

MICHIO HOSHINO

EL ÁRBOL VIAJERO

旅をする木
TABI WO SURU KI

TRADUCCIÓN Y NOTAS DE
ANDRÉS GRAJALES RAMÍREZ

EDITORIAL CÁNTICO
COLECCIÓN DOBLE ORILLA, NARRATIVA

SOBRE EL AUTOR

Michio Hoshino (27 de septiembre de 1952 - 8 de agosto de 1996) fue un fotógrafo de naturaleza japonés. Considerado uno de los fotógrafos de naturaleza más famosos de su época y comparado con Ansel Adams, Hoshino se especializó en fotografiar la vida salvaje de Alaska hasta que murió a manos de un oso pardo mientras realizaba un encargo en el lago Kurilskoye, Rusia, en 1996. El interés de Michio por Alaska comenzó a los 19 años, cuando compró un libro de fotos en el que aparecía el pueblo de Shishmaref. Deseoso de verlo por sí mismo, envió una carta al alcalde del pueblo, desde donde le contestaron seis meses después invitándole a visitarlo. El verano siguiente pasó allí tres meses, fotografiando y ayudando a pescar. En ese momento decidió hacerse fotógrafo. Más tarde se graduó en la Universidad de Keio, y durante dos años trabajó como ayudante del fotógrafo de fauna salvaje Kojo Tanaka. En 1978, Hoshino se matriculó en la Universidad de Alaska Fairbanks, donde estudió Gestión de la Vida Silvestre. Era famoso entre sus colegas por sus tomas realizadas desde una posición muy cercana a los animales, incluidos los osos. Sin embargo, Hoshino se consideraba un fotógrafo de la naturaleza en un sentido más amplio, que incluía a los indígenas y sus interacciones con el entorno. En busca de la toma perfecta, soportó expediciones agotadoras, que incluyeron vivir durante un mes en un glaciar. Como recordaba su amigo y colega Kim Heacox, Hoshino respetaba tanto la naturaleza y a todos los seres que «prácticamente se inclinaba antes de pulsar el obturador».

PRIMERA PARTE

UN NUEVO VIAJE

Fairbanks.

La estación del verdor y la frescura ha terminado y se acerca el comienzo del verano.

Al caer la tarde, por todos lados, oigo a las ardillas rojas mientras recojo ramas secas y hago una hoguera frente a la casa. La nieve que quedaba ha desaparecido y el suelo del bosque revela los colosales excrementos de alce —que han dejado durante el invierno— y me pregunto en qué momento una criatura tan grande ha pasado tan cerca de casa.

La brisa que acaricia mis mejillas es dulce y sé que la estación está a punto de cambiar. Han pasado quince años desde que me mudé a Alaska y me sigue fascinando cómo se sienten las estaciones aquí, que cambian tan claramente como cuando pasas la página de un libro.

Las emociones humanas son algo curioso, ¿verdad? Por un lado, nos vemos inevitablemente afectados por las trivialidades de la vida cotidiana, pero por otro, podemos sentirnos inmensamente enriquecidos por la sensación del viento o los primeros indicios del verano. El corazón humano es, al mismo tiempo, profundo y extrañamente superficial. Quizá sea esta superficialidad la que nos permite seguir con vida.

Me casé, empecé una nueva vida y poco a poco las cosas fueron cambiando. El otro día estaba ordenando mis cosas viejas y encontré algo que me trajo muchos recuerdos. Era mi diario de 1978. Es decir, el diario del primer año en el que decidí que iba a vivir en Alaska. Ya tenía sus años. Cuando lo abrí por la primera página, me llené de nostalgia, como si me hubiera encontrado conmigo mismo de hace mucho tiempo. Lo empecé a escribir en el avión del aeropuerto de Haneda a mi destino. Me causó cierta gracia. Era como una declaración de intenciones. Supongo que así de emocionado estaba. Aunque el contenido era vergonzoso, todavía podía verme reflejado en él, intentando entrar en el mundo desconocido de Alaska. Dejé de organizar mis pertenencias y me entregué un rato a leer ese viejo diario.

Por aquel entonces, pensaba continuamente en esa región de la Tierra. Era como si estuviera enfermo, con alta fiebre y solo pudiera pensar en mudarme. Tendría que embarcarme como fuera, sin brújula, sin mapa. Después de aterrizar en el aeropuerto de Fairbanks, fui directamente a la Universidad de Alaska. Quería ingresar de inmediato a la Facultad de Ciencias Naturales de esa institución. Sin embargo, cuando presenté los documentos necesarios en la oficina de admisiones, me dijeron que me faltaban 30 puntos para cumplir con el nivel de inglés que se exige a los extranjeros para ser admitidos. En otras palabras, me dijeron que no podría presentarme ese año. Pero yo no podía simplemente regresar a Japón. Mi amor por Alaska había madurado totalmente y yo ya me había embarcado.

De allí fui a ver al decano de la Facultad. Él sabía que iba a ir hasta allí, puesto que le había escrito ya varias veces. Yo ni siquiera sabía hablar un inglés correcto, pero hice todo lo que pude para transmitirle mis sentimientos. Le expliqué que, en ese momento, quería dedicar mi tiempo a trabajar con la naturaleza del Ártico, que para eso, necesitaba formar parte de la Facultad de Ciencias Naturales de la universidad, y que no podía tirar todo un año por la borda por una diferencia de solo 30 puntos... Además, que desde hace mucho tiempo, soñaba con vivir en Alaska.

Mirando hacia atrás, me pregunto qué irrazonables argumentos le habría expuesto al decano, a quien no conocía de nada. Yo sabía que la universidad no tenía la culpa. Sin embargo, en aquel momento, también me pareció irrazonable que la institución no me admitiera por esos 30 puntos. El decano escuchó atentamente mi historia.

—Lo comprendo —me dijo con una sonrisa—. Me encargaré personalmente de que ingrese en esta universidad. Voy a hacer una llamada ahora y usted irá a la oficina de admisiones.

Me sentía en la cima del mundo. No podía caminar, así que corrí por el campus universitario. Este se encontraba en un terreno elevado, desde donde se podía ver claramente la cordillera de Alaska, cubierta de glaciares, en la distancia. No pude evitar sentir que me estaban llamando sus montañas. Era justo cuando empezaba a soplar la suave brisa de principios de verano, como ahora.

Lleno de sueños sobre vivir en Alaska, comencé mi viaje por cada uno de ellos. En el lienzo en blanco que era el Estado del Norte, yo tenía que dibujar mi propio mapa.

Hice senderismo por los picos y valles inexplorados de la cordillera de Brooks, que cruza el Círculo Polar Ártico. Mientras navegaba en kayak por el Glacier Bay, escuché los sonidos ancestrales del crujir de los glaciares. Remé también en umiak —un barco de piel de foca— con un pueblo esquimal en busca de ballenas francas por el Océano Ártico. Asistí a un *potlatch*[1] mágico en un poblado indígena atabascano. Fascinado por la migración estacional del caribú, seguí su espectacular travesía. Vi auroras boreales más veces de las que puedo contar e incluso me encontré con lobos. Sobre todo, aprendí sobre la vida diferente de las personas... Y antes de darme cuenta, habían pasado quince años.

Poco a poco, fui descubriendo mi propio mapa de Alaska. La fuerza de este Estado, que engloba una naturaleza magnífica, atraviesa ahora un importante periodo de transición. Estoy seguro de que probablemente ocurra lo mismo con las personas que lo habitan. Así como nada en este mundo es inmóvil, la vida humana y la naturaleza del territorio cambiarán. La relación entre el ser humano y la naturaleza es un tema eterno sin explicación.

Sin embargo, es cierto que todos los seres buscamos mejorar nuestra vida. Por ejemplo, hay gente que abandona las comodidades y el confort de la vida cotidiana para vivir en la naturaleza, mientras que esquimales e indígenas —enfrentándose a diversos problemas— se modernizan rápidamente. Quisiera ver con mis propios ojos qué tipo de decisiones tomará cada persona. Me gustaría saber qué tipo de mapas dibujarán las personas que he conocido hasta ahora para vivir sus propias vidas —porque no me son indiferentes—.

Aunque había escrito un montón de incoherencias en él, el viejo diario, que apareció de repente ante mí, me devolvió a mi yo lejano, que tanto echaba de menos. Estuve mirándolo durante un tiempo, verdaderamente aturdido.

---

1 Ceremonia tradicional practicada por algunos pueblos indígenas de la costa noroeste del Pacífico de América del Norte. Estas ceremonias se caracterizan por un banquete, exhibiciones de música, competiciones, historias y danzas, que se veían como una forma de demostrar el prestigio y la generosidad del anfitrión. El vocablo proviene del chinook jargon, con el significado de «dar» o «regalo».

Quince años parecen mucho, pero también se sienten muy cortos. Esto también hacía que me preguntara si alguna vez podría volver a ser la persona que era entonces. La pasión y el sentimiento me impulsaron hasta allí, sin mapa ante mis ojos y sin brújula, solo tenía que dejar salir el barco. Salir otra vez de viaje, sin un destino claro, impulsado por esa ardiente pasión de antaño. Tal vez la vida de todos sea así en cierto modo, ¿no? Bueno, es hora de soltar mi pluma.

En menos de una semana, el salmón inundará los ríos de Alaska. Cuando agarro un salmón con ambas manos, la fuerza con la que se flexiona —como resorte— siempre me recuerda al verano al verano allí.

Hasta luego.

1 de junio de 1993

RED BLUFF BAY

Ahora voy viajando por el océano del sudeste de Alaska. Otro día termina viviendo a bordo de un barco. Aunque no haya ocurrido nada especialmente reseñable, ha sido una jornada completa y satisfactoria, así que he decidido coger el bolígrafo de todos modos, con ganas de contárselo a alguien.

Llevamos casi tres semanas persiguiendo ballenas jorobadas. Sé bien que no se trata de un viaje corto, pero realmente no me tengo que preocupar de que nos quedemos sin alimento. El océano de esta región está tan repleto de vida que se pueden pescar cangrejos, salmones y otros peces —como fletanes de casi un metro de largo— cuando apetezca... Puede que el agua no sea la más clara, pero eso es solo una señal de lo abundante que es: una sopa de plancton, literalmente.

El otoño se acerca poco a poco. La estación del sol de medianoche ha concluido con el regreso de la oscuridad. No me sorprendería que aparecieran auroras boreales ahora. Una vez las vi en este océano, habría sido en el mes de julio de hace unos cuatro o cinco años. La noche no era oscura en absoluto, pero los fulgores eran tan intensos que rompían la claridad de la noche... ¡auroras boreales en pleno verano!

A lo largo de este viaje, he estado pensando en mi amigo P. Cada vez que me encuentro con un nuevo paisaje, pienso: «ojalá P estuviera aquí». P se había hundido en la desesperación tras perder a su hijo en un accidente. Yo quería poder enseñarle este mar rodeado de profunda tierra salvaje por todos lados.

Esta tarde nos cruzamos con una ballena jorobada y su cría. El agua estaba en una calma especular y vimos a lo lejos débiles ráfagas de su aliento albino. Nos acercamos despacio al principio y luego nos adelantamos para deslizarnos junto a ellas con los motores a baja potencia. A las ballenas no pareció importarles en absoluto. Al contrario, nadaron una y otra vez directamente debajo de nuestra pequeña embarcación, como si quisieran jugar con nosotros.

En un momento dado, la cría cambió repentinamente de rumbo, se separó de su madre, se acercó suavemente al barco y nos miró durante un breve instante. Eso fue todo. Creo que pasamos unas dos horas allí con ellas. Para entonces, el sol empezaba a inclinarse hacia el horizonte y era hora de que nos dirigiéramos a la bahía donde atracaríamos para pasar la noche.

—Vamos a la bahía Red Bluff —dije; era una bahía de rojos acantilados a la que ya planeábamos ir desde por la mañana.

Una de las maravillas del sureste de Alaska es la belleza de sus innumerables costas y calas. Cada una de ellas es un mundo de naturaleza virgen, donde no hay rastro de presencia humana. Rodeadas por una intrincada orografía de fiordos, las islas —grandes y pequeñas— que se encuentran en ellas están cubiertas de densos bosques y glaciares. El mayor placer de viajar por este mar quizá sea elegir la orilla donde echar el ancla cada día.

Si todos tuviéramos un lugar secreto, de tanta belleza que no queremos compartirlo con nadie, para mí no sería otro que la bahía Red Bluff.[2] La descubrí hace cinco años al refugiarme aquí durante una tormenta. Como su nombre indica, los acantilados que forman la entrada tienen un tinte rojizo, lo que les da un aspecto misterioso bajo la luz tenue del crepúsculo. Nunca he conocido a nadie que conozca esta bahía, aun cuando he hablado con pescadores locales que llevan años recorriendo toda la región. Supongo que nadie se aventurará en un pequeño rincón de estas aguas sin algún motivo.

Red Bluff Bay se encuentra en el lado este de la isla Baranof, flanqueada por montañas coronadas de glaciares. La entrada es estrecha, pero se abre gradualmente en su interior, extendiéndose por dos kilómetros. He visitado muchas bahías en el sudeste de Alaska, pero nunca he encontrado un lugar tan misterioso y hermoso como este. Aunque la visito una vez al año mientras navego por este mar, nunca he visto otro barco aquí.

Recuerdo una vez, hace unos tres años, cuando oí un extraño sonido en la noche mientras atracaba. *Flush... flush...* surgió del silencio y la oscuridad: era el sonido de una ballena jorobada que se había extraviado en este pequeño recinto de tierra.

Tengo muchos recuerdos de este lugar. Cada vez que vengo aquí, pienso en lo eterno. Un flujo de tiempo grandioso y diferente, que nos hace olvidar por un momento las preocupaciones diarias, sin relación con la alegría o la tristeza.

2 Hoshino hace referencia al nombre de la bahía en inglés como Red Bluff Cove. Aunque actualmente también se conoce como Red Bluff Bay.

Entramos en la bahía al anochecer, contemplando las cobrizas paredes rocosas. Al cruzar la zona de arrecifes y alejarnos del mar abierto, el paisaje se transformó como si pasáramos las páginas de un libro, transportándonos a otro mundo.

Primero fue el silencio. Un silencio envolvente. Las hojas perennes de abetos y tsugas[3] se derramaban hacia la orilla y la niebla se enroscaba como un ser vivo a través del bosque primigenio. Unas poderosas alas sonaron en lo alto cuando un águila calva se elevó repentinamente de la arboleda y voló hasta perderse de vista. La majestuosa ave nos había estado observando desde que llegamos.

En una pequeña isla que había emergido con la marea menguante, se congregaron unas 30 focas manchadas.[4] Observando atentamente la superficie del agua sobre la que nuestro barco seguía avanzando, pude ver una oscura mancha constante que corría a ambos lados, era un enorme banco de salmones rosados que venían a desovar.

Entre los bosques vírgenes, en las laderas de las montañas, una cascada cae con una fuerza increíble. Al mirar hacia arriba, se puede ver hasta una altura de unos 100 metros, pero después desaparece en el soto, así que no se puede ver más allá. La fuente de esta agua es un glaciar en la cima de la montaña.

La bahía se ensancha como un lago y luego se estrecha, continuando hacia el fondo en una forma alargada. Las montañas que se elevan cada vez más cerca frente a noso-

---

3 Árbol conífero perteneciente a la familia de las Pináceas (la misma familia que los pinos, abetos y cedros). *Tsuga* —del japonés 栂— engloba a las especies arbóreas conocidas como falsos abetos.

4 *Phoca largha*, también conocida como foca larga, habita en los témpanos de hielo y las aguas del Océano Pacífico Norte y mares adyacentes.

tros son una región inexplorada donde probablemente no haya puesto un pie ningún ser humano.

Una vez apagado el motor, nos envolvió una verdadera quietud y poco a poco empezamos a oír sonidos que antes habían pasado desapercibidos. Un canto melodioso como el de una pequeña águila resuena en el aire, pero por más que observamos el bosque alrededor, no logramos ver de dónde proviene... El chapoteo de un salmón que saltaba a casi un palmo de la superficie del agua... El débil rumor del agua procedente de un valle, ya fuera un río o una cascada...

Como aún quedaba tiempo para la puesta de sol, bajamos un bote de remos que llevábamos a bordo y salimos a explorar, siguiendo una orilla salpicada de enormes árboles musgosos. De entre la densa maleza de fines de verano brotaban innumerables flores que nadie podría nombrar. Al ver el brillo rojo de las frambuesas salmoneras,[5] alargué la mano por la borda para llevármelas a la boca.

En su extremo más alejado, la bahía se convertía en una llanura cubierta de hierba en la que se adentraba la marea. El verde manto limpiamente pisado formaba un camino que se adentraba en las profundidades de una cañada. Seguro que era la senda de un oso que venía cada día de las montañas a cazar salmones.

Intrigados por un arroyo que salía de un barranco escarpado, decidimos remontar la corriente hasta donde nos permitiera el bote. En el agua turbia, alrededor de troncos caídos, descansaban innumerables salmones. Al levantar la vista, vi un águila calva posada en un enorme tsuga, mirándonos implacablemente. Parecía estar casi tan cerca como

5 *Rubus spectabilis*, baya también conocida comúnmente como zarza del salmón, autóctona de la costa oeste de América del Norte (en inglés: *salmonberry*).

para tocarla, y me pregunté por qué había preferido no levantar el vuelo.

Al final, el río se hizo demasiado poco profundo y decidimos volver por la corriente al punto de partida. El sol ya se había ocultado tras las crestas y la oscuridad nos rodeaba. A excepción del sonido del viento —que atravesaba valles, montañas cubiertas de glaciares y árboles repletos de musgo— reinaba un silencio puro. En este gran paisaje inalterado por otros de nuestra especie, éramos lo único que se movía. Tan solo podía pensar en cómo podría traer aquí a mi amigo P algún día.

La noche se hizo más profunda y el cielo se llenó de estrellas. Esperamos en vano la aurora boreal. En su lugar nos recibió la luna.

Espero volver el año que viene a mi escondite secreto —Red Bluff Bay— del que no quería hablarle a nadie.

15 de agosto de 1993

OTOÑO EN EL NORTE

Estoy caminando por las tierras salvajes de Alaska. Es septiembre.

La vasta tundra montañosa se extiende desde los pies del Denali[6] y es indescriptible la belleza del otoño boreal.

Esta mañana, escuché el coro ronroneante de grullas canadienses[7] que venían de alguna parte, pero al tantear el profundo azul del cielo no pude encontrarlas. De repente, levantando la vista hacia el norte, vi una formación en V que venía hacia mí. Volaban tan alto que no me había fijado en ellas; la migración de otoño... Después de anidar en el Ártico, ahora están de regreso al sur.

Desde lo alto de una colina con unas vistas estupendas se pueden ver las montañas del extremo norte cubiertas por una ligera capa de nieve fresca. El viento, que lleva el tenue olor del invierno, sienta bien en el cuerpo sudoroso. Mientras me quito la mochila, que se me clava en los hombros, y

---

6 El monte McKinley —o monte Denali, su nombre indígena original— es la montaña más alta de América del Norte, con una altitud de 6194 m s. n. m. Está situado en la cordillera de Alaska, en el centro-sur del estado.

7 *Antigone canadensis*, su distribución abarca desde el Ártico de Norteamérica y el este de Siberia hasta el centro y sur de Estados Unidos y el norte de México.

tomo un respiro, veo un pequeño pájaro entre los arbustos de la tundra, un pájaro que nunca había visto antes, con un rojo brillante en la punta del pico. Al acercarme lentamente, me doy cuenta de que la brillante punta del pico eran las bayas rojas de un arándano que acababa de picotear.

La corta temporada de otoño de Alaska comienza cuando la hoja del álamo y del abedul se vuelven amarillas y la alfombra de la tundra se tiñe de vino tinto. Al igual que con las frescas hojas verdes, el momento álgido del follaje otoñal llega en un solo día. El tono ocre de la naturaleza se intensifica con cada día que pasa, y el mosaico de plantas diferentes de la estepa es de una belleza que no alcanzan las palabras. Después de unos días soleados y una noche fría, notas un ligero cambio en el paisaje. De la noche a la mañana, los colores del otoño se han asentado. El viento del norte pasó como un pincel.

Una vez que los arándanos rojos y azules han madurado, las aves migratorias se los comen como preparación para su largo viaje hacia el sur y los osos, a su vez, para almacenar grasa antes del largo invierno. La generosidad de la naturaleza en el norte es un poco diferente de la del sur. Es una generosidad algo forzada, condensada en un entorno duro y que se dispersa en un abrir y cerrar de ojos.

El saludo de esta estación en Alaska es: «¿Qué tal los arándanos de este año?». Al parecer, la gente también almacena la generosidad del otoño para la vida invernal. Cuando me canso de caminar por las montañas en esta época, tomo un respiro masticando arándanos. Simplemente, encuentro un arbusto repleto de bayas azules, me siento, me como todos los frutos que puedo alcanzar y luego me alejo arrastrándome unos metros. Así es como este año he vuelto a teñir mis pantalones, de azul y rojo.

En esta época del año, suelo decir a la gente que recoge arándanos: «¡Cuidado con encarar un oso!». Y no lo digo como broma. Porque tanto los osos como las personas están tan ocupados comiendo arándanos que no tienen tiempo de levantar la cabeza. De vez en cuando, yo mismo me daba cuenta de esto y miraba a mi alrededor con atención.

En momentos como este, recuerdo un libro ilustrado llamado *Blueberries for Sal* (*Arandanos para Sal*). Un día de otoño, una madre y su hija van a las montañas a recoger arándanos. La niña, Sal, sigue a su madre con entusiasmo mientras recoge las bayas, pero sin darse cuenta, se separan. A la misma montaña, acuden mamá oso e hijo oso, en busca de arándanos para el invierno. También le ocurre al osezno que pierde de vista a mamá oso, que está absorta comiendo las bayas. Entonces, Sal se encuentra con mamá oso y el osezno se topa con mamá de Sal... Este relato se podría desarrollar perfectamente en Alaska.

Mientras cruzaba un barranco en un valle de montaña, escuché de cerca un bonito chillido. Miré a mi alrededor y vi una pica[8] sentada en lo alto de una gran roca. Tenía tanta hierba seca en la boca que ya no le cabía más. Me dirigí como una flecha hacia donde estaba, pues ya se había esfumado, y me agaché para mirar entre las rocas, donde encontré un montón de hierba seca apilada como una cama. Allí la iba almacenando poco a poco para el largo invierno que se avecinaba.

Luego, desde lo alto de la colina, vi una manada de caribúes caminando al pie de una montaña distante. Probablemente se dirigían a los bosques del sur, donde pasarán

8 Las picas, también conocidas como conejos de roca o liebres silbadoras, son pequeños mamíferos, parientes cercanos de los conejos y las liebres, pero se distinguen por su tamaño más pequeño, sus orejas más cortas y su cola vestigial. Son nativas de climas fríos y muy activas antes del invierno.

el invierno. Las crías nacidas en primavera ya estaban completamente desarrolladas y seguían de cerca a su madre. Su largo viaje llegaba a su fin.

Al anochecer, me topé con una cría de alce y su madre en el lago. Tenía solo una cría. Los alces suelen dar a luz a un par. Es raro ver a una madre alce con dos crías en esta época del año, pues la mayoría mueren por las fauces de lobos u osos al mes de haber nacido. A una madre alce le resulta difícil proteger a sus dos crías al mismo tiempo, por lo que acaba perdiendo a una de ellas.

Las formaciones casi diarias de grullas desaparecen en el cielo del sur, y cuando la aurora boreal comienza a danzar en las noches despejadas, los colores del otoño se desvanecen en un instante. Ese día definitivamente llegará dentro de una semana. Sin embargo, ahora es el momento de ver las brillantes hojas otoñales coloreando la naturaleza.

El otoño es muy hermoso, pero por alguna razón pone nerviosa a la gente. Tal vez sea porque el corto verano ártico ha pasado en un abrir y cerrar de ojos. O tal vez porque el largo y oscuro invierno está a la vuelta de la esquina. En mi caso, cuando cae la primera nevada, me siento preparado y tranquilo... Y me encanta sentir eso en esta época del año.

Podemos sentir el infinito flujo del tiempo en el progreso de las estaciones. Qué elegante puede ser la naturaleza. ¿Cuántas veces en este mundo nos topamos con algo como las estaciones que fallecen cíclicamente? Cuantas más veces las contemos más nos daremos cuenta de lo cortas que son nuestras vidas.

El otoño en Alaska es una de esas cosas para mí.

5 de septiembre de 1993

NOTICIAS DE PRIMAVERA

Buenas,

Cuando en Fairbanks se siente el aire de marzo, uno se da cuenta de que lo peor del invierno ya ha pasado. Para ser más precisos, ese frío aplastante de cincuenta grados bajo cero ya no está más con nosotros. Las horas de luz aumentan cada día y ya es primavera en mi mente. Por supuesto que no todas las regiones de Alaska sienten aún estos cambios. Por encima de los 67° de latitud norte, donde residen los inupiat y otros pueblos nativos, aún quedan muchos días de clima impío.

Este invierno ha nevado mucho, y se dice que han aparecido alces hambrientos cerca de distintas casas de la ciudad. Saben que mucha gente tiene huertos en verano y bajan de las montañas para comerse los cultivos que quedan sin cosechar bajo la nieve. Estos gigantescos animales, que pesan entre 1300 y 1500 kilos, apenas se parecen a los ciervos, como suele imaginarse, y resulta realmente alarmante cuando emergen de repente del bosque en tu jardín. Los alces pueden ser peligrosos, sobre todo las madres con sus crías, y hay que tener cuidado de no acercarse nunca a ellos. Pero cuando ves a un ser vivo luchando desesperadamente por sobrevivir justo al lado del espacio donde haces tu morada diaria, es difícil no dejar de hacer lo que estás haciendo y observarlo un rato. Podría decir que esa visión te hace sentir un poco más fuerte.

Mientras escribo esto, mi esposa Naoko está embarazada. Aunque estoy muy contento por este acontecimiento, también me produce cierta ansiedad. Sigue teniendo sangrados irregulares y nos preocupa la posibilidad de un aborto. Tras consultar con el médico local, hemos decidido por el momento esperar y ver cómo evoluciona su estado. Llevo todos estos años en contacto con la inmensa tierra salvaje de Alaska y ahora, por primera vez, estoy perplejo ante una pequeña porción de mi propia naturaleza. Hace unos seis o siete años, vi por primera vez a un caribú dar a luz. Fue mientras estaba en el norte esperando su migración primaveral. Desde nuestro campamento, el océano Ártico era visible en el horizonte, y aunque era el mes de mayo, la temperatura aún parecía de -50 °C cuando soplaba el viento.

Un día, cerca del ocaso, una pequeña manada de caribúes descendió de las montañas. Serían unos treinta o cuarenta en total. Habían viajado más de 900 km desde los bosques de Canadá. Todas eran hembras y la mayoría probablemente estaban pariendo crías. Aunque llevaba cerca de una década siguiendo a los caribúes, aún no había presenciado ningún parto. Como solo podía quedarme en un lugar concreto del vasto Ártico de Alaska, y los caribúes están en constante movimiento, mis posibilidades de encontrarme con este acontecimiento trascendental eran escasas.

Sin embargo, mientras las observaba con prismáticos desde mi tienda, una se quedó rezagada con respecto al resto de la manada y se comportó de forma extraña. Presa del pánico, no paraba de caerse hacia un lado y volver a levantarse. Pensé que debía de estar a punto de dar a luz. Estaba demasiado lejos para fotografiarla y la habría asustado si hubiera salido de la tienda, así que me quedé donde estaba, apretando los prismáticos en mis puños y esperando ansiosamente. Sus compañeras, que no interrumpían el paso, ya se habían desvanecido en la lejanía de la tundra.

Cuando la solitaria madre se levantó de repente, una pequeña forma negra se dejó caer sobre el campo nevado. Apresuradamente metí una cámara en mi mochila, me arrastré silenciosamente fuera de mi tienda y me dirigí a cuatro patas hacia ellos hasta tenerlos a la vista. Creo que era medianoche, pero la estación de noches blancas ya había llegado y el sol que nunca se pone brillaba sobre la tierra nívea. Incluso envuelto en un grueso abrigo de plumas, el frío abrasador me cortaba la piel.

La madre estaba lamiendo frenéticamente a esta nueva vida y finalmente se puso en posición para amamantarla, tras lo cual la cría se tambaleó sobre unas patas de goma y se agarró a su teta. Agotada de energía, la madre comenzó a comerse su propia placenta, que había caído al suelo. Cuando el sol de medianoche ya se había deslizado por el horizonte para proseguir su curso como el sol de la mañana, la cría, con pasos vacilantes, siguió a su madre y, antes de percatarme, ya no estaban a la vista.

Pocos días después encontré el cadáver de un pequeño caribú congelado en la orilla de un río. No sé si lo había matado un lobo o un oso, o si había muerto por causas naturales, pero ya se habían comido la mitad. En las crías de caribú, la incidencia de la mortalidad se concentra en su primera semana, un periodo que divide a los que sobreviven del resto. No pude saber si el cuerpo era el del recién nacido que había visto, pero todavía recuerdo mis impresiones sobre la vida y la muerte. Me sorprendió lo fácil que era entender ese paisaje.

El otro día me pasó algo parecido. Estaba en casa leyendo un libro cuando oí un golpe seco en una de las ventanas. Salí corriendo al balcón y me encontré con un pardillo norteño acurrucado bajo el cristal. El pájaro se había estrellado contra la superficie, donde se reflejaban claramente los árboles. El impacto debió de ser bastante fuerte porque cuando lo puse en la palma de mi mano descubrí que le sangraba la cabeza. Como era un día frío, de principios de primavera, decidí llevarlo al interior y lo metí en una cajita de papel para vigilarlo durante un tiempo.

Casi todas las aves de Alaska son migratorias, y solo una escasa minoría aguanta el invierno subpolar de Fairbanks. Los pardillos son una de esas especies, y a menudo me pregunto cómo un pájaro diminuto de tan solo 10 cm puede soportar un frío tan inhóspito. Este estaba herido y tenía que respirar con la totalidad de su pequeño cuerpo. Por mucho que quisiera salvarlo, no sabía qué hacer. Al mismo tiempo, extrañamente me conmovía ver cómo se escurría la sangre de una criatura tan pequeña. Unas horas más tarde, lo volví a dejar en el balcón. No tenía ni idea de si se recuperaría por sí solo y se iría volando, o si sería atacado y devorado por otra ave, o quizá una ardilla. Pero cuando comprobé el exterior por la tarde, ya no estaba.

Tanto el nacimiento de un caribú en un campo nevado azotado por vientos helados como el canto de un pardillo norteño a -50 °C denotan la fuerza inherente de la vida. Sin embargo, bajo esa fuerza, la naturaleza siempre esconde fragilidad, y es esa fragilidad la que más me fascina.

Siento que estar vivo todos los días no es algo que debamos dar por sentado; a mí me parece casi un milagro. En el fondo, es lo mismo que ocurre con el corazón que bombea en tu pecho en este preciso instante. Y lo mismo puede decirse de los nuevos recién nacidos del mundo. En medio de mi ansiedad por la posibilidad de que mi mujer abortara, sentí la fragilidad de la vida.

Nada podría habernos hecho sentir más seguros que lo que dijo la madre de mi esposa: «cuando el embarazo de una mujer va a terminar prematuramente, no hay nada que puedas hacer para cambiarlo. Es algo natural, así que deja que siga su curso». Es demasiado fácil olvidar que subsistimos dentro de los límites de esa fragilidad, o dicho de otro modo, que la vida humana solo se sostiene dentro de ciertos límites.

La nieve empezará a derretirse en aproximadamente un mes. El año pasado por estas fechas, la nieve que se había acumulado en el tejado se congeló en un solo montículo y se desprendió de golpe una mañana, destrozando nuestro balcón. Yo lo pasé muy mal con esa noticia de primavera. El frío volverá de nuevo y sin duda veremos nevar muchas veces más. Pero con sus naturales altibajos, es seguro que una nueva estación está en camino.

¡Hasta la próxima!

7 de marzo de 1994

EL LOBO

Me encuentro solo en el glaciar Ruth.

Este es uno de los glaciares que surgen de la cara sur del monte Denali y puede que sea el más bello de la cordillera de Alaska. No solo es la belleza del glaciar en sí, sino que los picos en forma de agujas que lo rodean son abrumadoramente impresionantes. También lo son las monolíticas paredes de roca de granito, el azul profundo de sus abruptos desniveles y las enormes grietas... Nada de esto está vivo ni florece, simplemente son paisajes inorgánicos que parecen rechazar a todos los que se acercan y, sin embargo, tienen un misterioso poder para elevar los espíritus humanos.

La antigua zona del glaciar donde establezco mi campamento base cada año, conocida como Ruth Amphitheater,[9] está rodeada de altas montañas que varían en altura entre 4000 y 6000 metros, realmente como un viejo anfiteatro. Una vista espectacular. Cuando vengo aquí, suelo recordar las palabras del mitólogo Joseph Campbell:

> Es indispensable tener, hoy en día, un lugar sagrado, donde las barreras del tiempo desaparezcan y surjan los milagros. Necesitamos un espacio, o un momento del día, donde

9 Actualmente, zona conocida como Don Sheldon Amphitheater.

> ignoremos lo que dicen los periódicos esa mañana, quiénes son nuestros amigos, quién nos debe algo o a quién le debemos. Un lugar donde podamos simplemente experimentar y sacar a la luz lo que somos y podríamos ser. Un lugar para la incubación de la creatividad. Al principio puede parecernos que ahí no sucede nada, pero si tenemos un lugar sagrado y lo usamos, con el tiempo algo sucederá. Al crear lugares sagrados reclamamos la Tierra, mitologizando los animales y plantas: la hacemos nuestra, transformándola en un lugar con un profundo significado espiritual.[10]

Anoche hubo luna llena. Cuando salió por encima de un pico rocoso al que llaman Moose's Tooth (Diente de Alce), todo el glaciar se iluminó tenuemente y se proyectaron nuevas sombras sobre él de las montañas circundantes. En una noche así, era imposible quedarme quieto. Así que puse un termo con café en mi mochila y esquié de un tirón desde el peñasco de mi campamento base hasta el glaciar.

Aunque estemos en marzo, esto es alta montaña. La sensación térmica por la noche es mordaz, debido al viento glacial. Sin embargo, escuchar el sonido de los esquís deslizándose por ese mundo imperturbable hacía que mereciera toda la pena. Lentamente, sentía cómo me hacía uno con el vasto paisaje. Me detuve justo antes de llegar a las nieves perpetuas. Aquí es donde comienza la zona de grietas, ocultas bajo la profundidad de la nieve, aunque en este punto ya sentía como si estuviera en el corazón del glaciar Ruth con el Moose's Tooth, el Dan Beard, el Barrille y el Denali[11] a mi alrededor.

---

10 Estas palabras forman parte de *The Power of Myth* (1988), una serie de entrevistas que el mitólogo sostuvo con el periodista Bill Moyers para la PBS (Public Broadcasting Service).

11 Picos de montaña en la zona del Don Sheldon Amphitheater.

Ahí estaba yo, a la luz de la luna, sobre un glaciar nocturno. Dejé mi mochila y tomé un sorbo caliente del café de mi termo. En ese lugar no había ningún movimiento ni sonido, salvo alguna que otra avalancha que se desplomaba a lo lejos. Había mayor actividad en el cielo estrellado, que dejaba ver de vez en cuando alguna estrella fugaz. Un amigo me contó una vez algo que vivió cuando viajó al desierto del Sahara sobre un misterioso poder que se les confiere a los humanos en una noche entre arena y estrellas.

Cuando vivimos en un mundo repleto de información es fácil olvidar que existe ese mundo sencillo. Por eso, si nos arrojan de repente a un lugar así, es probable que no sepamos qué hacer. Pero tras permanecer allí un tiempo, recordamos gradualmente la riqueza de un mundo con muy poca información. Es un poder... o mejor dicho, algo así como el poder de la imaginación que hemos olvidado que tenemos.

Esta tarde también ocurrió algo curioso. Un escribano[12] volaba muy cerca de mi tienda de campaña. Me acerqué a él con suavidad y no pareció importarle. Era extraño también que un pájaro pequeño como este estuviera aquí, en un glaciar donde no hay comida. Me preguntaba si estaba perdido o si se encontraba en medio de una migración. De todas formas, no me parecía que tuviera sentido su presencia en el lugar. Le arrojé comida, pero tampoco se interesaba en eso. Era como si solamente quisiera volar alrededor de la tienda e intentara decirme algo. Después de un rato, me di cuenta de que el escribano se había marchado. En ese lugar

12 Pequeña ave paseriforme. Hoshino se refiere a un *hōjiro* (ホオジロ), que en japonés es como se le llama al escribano siberiano (*Emberiza cioides*). Sin embargo, esta especie de ave es nativa de Asia y probablemente se tratara de un *yuki hōjiro* (ユキホオジロ), un escribano nival (*Plectrophenax nivalis*).

inhóspito, me pareció divertido poder compartir mi tiempo con ese pajarito.

Esto me hizo recordar una historia que leí una vez sobre una mosca en un mito navajo.[13] Se trata de una tábano que a veces se posa sobre el hombro de la gente que camina por el desierto. En el mito navajo, se le conoce como Pequeño Viento. Susurra a los jóvenes héroes las respuestas a las preguntas que les hacen sus padres durante las pruebas. Esta mosca es la voz del espíritu sagrado que revela la sabiduría oculta.

Hace más de diez años, cuando visité por primera vez este glaciar, me ocurrió algo que casi nunca he contado a nadie.

Fue una noche, bajando en esquí del campamento base hacia el glaciar y en la zona nevada que cubre una gran grieta. Allí descubrí una huella en el suelo que parecía bajar por el Ruth desde el monte Denali. Cuando me fijé detenidamente para averiguar a qué animal pertenecía, me di cuenta de que era de lobo. Simplemente, no podía explicarme cómo había llegado hasta allí, hasta una zona glaciar, una huella de lobo.

¿Se habría perdido quizá, como el escribano de esta tarde? ¿O tal vez cruzaba la cadena montañosa del Denali, que está entre 4000 y 6000 metros de altitud? Por alguna razón, no me atreví a hablar después con nadie sobre ello, me parecía muy misterioso y podría sonar a leyenda. Es curioso cómo esos recuerdos que guardamos únicamente para nosotros en la memoria pueden tener un poder tan mágico. Cuando estoy haciendo mis cosas en la ciudad y pienso en

13 Los navajos, también conocidos como diné, son el pueblo indígena estadounidense más numeroso, con más de 300.000 miembros inscritos en la tribu. Habitan principalmente en el suroeste de Estados Unidos, en los estados de Arizona, Nuevo México, Utah y Colorado.

el glaciar Ruth, siempre viene a mi mente también el recuerdo de esa huella de lobo solitario. Era el indicio de que ciertamente estuvo allí solo, el lobo junto al hielo y la inerte roca. Lo recuerdo y no puedo evitar sentir que, de alguna manera, se trata de un lugar muy sagrado.

Hace casi una semana que llegué al glaciar Ruth. Mi cara ya está negra por el sol. Las noches son cada vez más cortas, e incluso en este mundo montañoso de nieve puedo sentir la llegada de la primavera. Hoy se oyen avalanchas, con más frecuencia de lo habitual.

25 de marzo de 1994

DESDE LAS GALÁPAGOS

Estoy en Ecuador, América del Sur.

Todo me parece nuevo e interesante. La apariencia de los locales me provoca una sensación de extranjero indescriptible. Como ahora vivo en Alaska, siento este viaje como cuando se viaja al exterior por primera vez.

Salí de noche desde San Francisco y al despertar en el avión por la mañana, ya podía ver el paisaje exótico de Sudamérica debajo de mí. A pesar de arribar en tierra de montañas, no veía nieve ni glaciares, sino montes con bosques hasta sus picos. Probablemente se deba a que estemos junto a la línea del ecuador, pero me resulta un paisaje extraño, viniendo justo de Alaska. A veces podía ver pequeños pueblos en los valles, aunque no me daba tiempo para fantasear con ellos, así que los observaba hasta que desaparecían de mi vista. Siempre me han fascinado los lugares habitados por personas.

Sea como fuere, América del Sur me parecía un mundo tan lejano que me cuesta entender cómo llegué hasta aquí tan rápido. Ni mi cuerpo ni mi mente pueden seguir ese ritmo que provoca, creo, la velocidad del viaje. A pesar de estar emocionado por contemplar por primera vez el continente sudamericano —a través de la ventanilla— la verdad es que me sentí incómodo. Para mí, la palabra *mundo* representaba algo abstracto, de una extensión infinita, y me desconcierta percibirlo ahora como algo tangible. Es una sensación parecida a la soledad de no saber qué hacer cuando grandes conceptos como *tierra* o *humanidad* se sienten limitados. Sé que me dirán que estoy pensando en algo ridículo —entrando en pleno siglo XXI—, pero es una sensación de la que no puedo desprenderme.

Recuerdo haber leído una historia similar antes, sobre una expedición que iba a la cordillera de los Andes en una excavación arqueológica. Formaron una gran caravana y viajaron por las regiones montañosas de América del Sur. Un día, los guías nativos, que transportaban la carga, se quedaron inmóviles, en actitud de huelga. La expedición, frustrada, ofreció a los nativos volver al camino pronto a cambio de pagarles más dinero, pues pensaban que su huelga era para exigir mayor salario. Pero ellos seguían sin escuchar y no se movían de su sitio. Cuando un miembro del equipo, que hablaba la lengua local, preguntó al representante de los guías nativos qué pasaba, este respondió: «Caminábamos demasiado rápido y dejamos atrás el corazón. Estamos esperando aquí un tiempo hasta que nuestros corazones lleguen a este lugar».

He venido a Sudamérica para participar en un proyecto que busca crear un libro fotográfico sobre el Ecuador. La idea era que unos 30 fotógrafos, de todo el mundo, durante dos semanas, nos reuniéramos para fotografiar sobre temas como la Amazonia, los indígenas, la selva tropical... y, en todo esto, a mí me enviaron a las islas Galápagos. Aunque es durante un corto periodo, creo que es algo relevante. El Gobierno ecuatoriano es el organizador, pero el trabajo editorial será realizado por fotógrafos de la National Geographic que se centrarán en un tema determinado, con editores de las revistas GEO (Francia) y Airone (Italia) que trabajarán juntos para producir el libro fotográfico. Finalmente, toda la recaudación que se logre con la obra se destinará a un fondo para fotógrafos ecuatorianos.

Como no se permite pernoctar en las Galápagos, he tenido que hacer mi vida en un barco, con el que puedo moverme de isla en isla. Recientemente, los incendios forestales de la isla Isabela ocuparon los titulares de todo el mundo y se temía que el precioso hábitat de las tortugas gigantes fuera destruido por el fuego. Afortunadamente, al llegar aquí los incendios se habían extinguido por completo.

Han pasado diez días desde que comencé el viaje. Este mundo es completamente distinto al de Alaska: las tortugas gigantes más grandes del mundo, pingüinos que viven en el centro del trópico, cormoranes cuyas alas se han degenerado de forma que ya no pueden volar —pues encuentran abundante comida zambulléndose en el mar— e iguanas que nos recuerdan la antigua historia de la Tierra. También están los pinzones de Darwin, un grupo de especies de aves que se desarrolló de manera diferente en cada una de las trece islas. En fin, un lugar repleto de criaturas que no parecen del mundo real. Mientras contemplaba la impresionante puesta de sol sobre el océano, no pude evitar imaginarme al Beagle,[14] que emergió del horizonte hace unos 150 años.

Es gracioso que al mismo tiempo que me estoy maravillando con la naturaleza de las Galápagos, mi mente se desvíe hacia Alaska. En este preciso momento, una gran

---

14 El HMS Beagle fue una embarcación de la Royal Navy británica que realizó dos viajes de exploración importantes durante el siglo XIX. Transportó al naturalista Charles Darwin en su viaje alrededor del mundo entre 1831 y 1836. En las islas Galápagos, observó la diversidad de especies animales y vegetales, lo que lo llevó a desarrollar su teoría de la evolución por selección natural.

manada de caribúes atraviesa la tundra ártica y me pregunto si este año habrá pasado por el valle del río Kongakut, donde solemos montar el campamento base. Si hay muchos mosquitos esta temporada, los caribúes irían en grupos enormes. Pienso también en mi amigo, el piloto Don Ross, que quizá está sobrevolando la cordillera de Brooks en estos momentos. No puedo evitar preguntarme estas cosas. Mi viaje al extranjero es muy interesante, pero mis sentimientos por Alaska son cada vez más fuertes.

Una de las cosas que más disfruté de participar en este proyecto en el Ecuador fue conocer a algunos fotógrafos latinoamericanos. Tuve especial suerte con Aldo Brando, un fotógrafo colombiano que fue destinado a las islas Galápagos conmigo. Nos convertimos en hermanos mientras viajábamos juntos. Aldo lleva mucho tiempo fotografiando la naturaleza colombiana. Tiene un sinfín de sueños para la Amazonia, que forma parte de su país. Escuchándole, aprendo y me doy cuenta de que la naturaleza y la vida humana en el Amazonas están cambiando rápidamente. Cada noche, Aldo habla con pasión de lo que quiere hacer como fotógrafo: documentar adecuadamente un mundo que está desapareciendo.

Al mismo tiempo, también me habló de las dificultades y dilemas de ganarse la vida fotografiando en Colombia. En primer lugar, no hay ningún medio donde pueda publicar sus fotografías, como en revistas de naturaleza, por ejemplo. Cuanto más lo escucho, más me doy cuenta de que su vida es bastante precaria. No tiene una casa adecuada para vivir y no tiene casi posesiones, salvo su equipo fotográfico —el cual, de hecho, ni siquiera es suficiente—. No lo podía creer, porque Aldo estaba en este proyecto representando a los fotógrafos de naturaleza de Colombia. Sin embargo, era una persona refrescante, algo filosófica e indudablemente divertida. Aún recuerdo sus palabras cuando todos nos presentamos, antes de comenzar el viaje:

—Yo hago fotos de la naturaleza colombiana. Cuando ustedes escuchan la palabra «Colombia», es probable que piensen en la meca de las drogas y el crimen, y eso es un poco triste. El gobierno no puede permitirse el lujo de centrarse en la conservación de la naturaleza, pero nosotros queremos protegerla, y a la vida de la gente que vive en el Amazonas, por medio de la fotografía. Ah, y también hago escalada en roca. Escalo acantilados verticales. No sé cómo explicarles, pero para mí es más una religión que un hobby. ¡Mucho gusto!

Aldo también parecía fuera de este mundo. Me fascinaban su determinación y su sencillez. Antes de este proyecto, Colombia, y de hecho, América Latina, era para mí algo indiferente. Pero ahora me siento más cercano. La historia de Aldo, quien se convirtió en mi gran amigo, es uno de los motivos. Cuantas más personas conoces y más te agradan, más amplio y profundo se vuelve el paisaje. Me gusta pensar que el mundo contiene extensiones infinitas.

Y sí, me sorprendió la caída del sol en el ecuador. En Alaska, el sol se pone lenta y horizontalmente, pero aquí cae directamente sobre el horizonte y en un instante el mundo se hace de noche.

28 de junio de 1994

OLD CROW

¿Qué tal?

Es julio ya y los días aquí son calurosos. Te sorprendería el calor que puede hacer en Alaska, aunque es verdad que el verano del ártico es refrescante y no se suda tanto.

Ahora estoy en el poblado nativo Old Crow (El Viejo Cuervo), perteneciente a la comunidad gwich'in. El asentamiento se encuentra a orillas del río Porcupine, que fluye desde el Ártico de Canadá hacia el de Alaska y está justo al otro lado de la frontera, en la parte canadiense. Este hermoso río ártico desemboca en el caudaloso Yukón, en el lado alaskeño.

Como sugiere el nombre del pueblo, verás muchos cuervos cuando camines por él. Aunque si intentas acercarte a alguno, se alejarán de inmediato, como si pudieran ver a través de las personas. El cuervo es un ave misteriosa con poderes mágicos que aparece siempre en los mitos de origen de los pueblos nativos de Alaska como el creador del mundo. Dicen que, al principio, este era un lugar feliz, sin sufrimiento ni fealdad, pero el Cuervo, con el paso del tiempo, se cansó de la perfección y transformó el mundo en algo imperfecto. Los humanos son una de las creaciones imperfectas que el Cuervo ha creado en este mundo. Qué bonito nombre para un pueblo.

Una vez cada dos años, hay un festival donde se reúnen los indígenas gwich'in, y este año se llevará a cabo en el pueblo de Old Crow. En Alaska, los pueblos de Arctic, Chalkyitsik y Venetie también forman parte del mundo gwich'in. Si miras el mapa, notarás que se marca una frontera nacional entre estos y Old Crow, pero en realidad son un mismo pueblo que vive en la naturaleza. Viajé aquí desde Alaska en un Cessna,[15] pero creo que la mayoría de la gente navegó en barco para venir por el río. En cualquier caso, no da la impresión de que haya un paso fronterizo.

¿Habías oído hablar antes sobre la tribu nativa de los gwich'in? Pocas personas, incluso en Estados Unidos, han oído hablar de ellos. Son una tribu de cazadores-recolectores del Ártico, de menos de cinco mil personas, que dependen de la caza del caribú, el cual atraviesa su tierra en oleadas. Si no fuera por el debate medioambiental que sacudió a Estados Unidos con respecto al futuro del Ártico —sobre la explotación petrolífera, el caribú, etc.—y si los gwich'in no se hubieran manifestado al respecto, serían un pueblo olvidado desde hace mucho tiempo en un rincón de las tierras vírgenes del norte. Probablemente, esto hubiera preferido la mayoría.

El pueblo de Old Crow, con poco más de doscientos habitantes, ve cómo se duplica su tamaño a medida que la gente de diferentes pueblos acude al festival. Las casas del pueblo no son suficientes para alojarlos a todos, así que muchos de los visitantes montan sus tiendas a lo largo del río. De hecho, yo me venía a alojarme en la tienda de una

15 Una aeronave fabricada por la empresa Cessna Aircraft Company. La compañía Cessna es conocida por producir aviones ligeros, aviones bimotor, jets ejecutivos y aviones militares para diversos propósitos.

mujer llamada Laurie, a quien no conocía de antes, por la que llegué a través de un amigo nativo. Aunque solo sabía que era una gran tienda verde, la encontré rápidamente. Laurie tenía unos treinta años, dos hijos pequeños y estaba divorciada de su marido. Su madre era indígena gwich'in y su padre blanco, ambos divorciados también. Me inquietó un poco la expresión algo preocupada de Laurie. Le pregunté casualmente por qué había venido hasta aquí, sola, con una tienda de campaña, para asistir a esta reunión, pero ella simplemente respondió: «Es personal».

El festival bienal de los indígenas gwich'in es esencialmente una reunión para debatir una amplia gama de problemas a los que se enfrentan los nativos. Por ejemplo, su inquietud por el desarrollo de los yacimientos petrolíferos, la preservación del modo de vida cazador, la pérdida de los valores tradicionales, el alcoholismo, la desaparición de las lenguas nativas, el futuro de los jóvenes... Cada día se elige un tema diferente y se debate desde la mañana hasta la noche. Eran problemas a los que también se enfrentaban los demás pueblos nativos de Alaska en su conjunto, en la cúspide de una nueva era.

Cualquiera que quisiera hablar podía ponerse delante del micrófono; no había orden ni límite de tiempo. Podía ser un recuerdo, una confesión, una pena, un sueño para el futuro. La única condición era que todos hablaran sosteniendo uno de los bastones proporcionados. Había una cierta voluntad de unir sus deseos. A veces buscaba a Laurie entre la gente.

Llevo casi diez años fotografiando caribúes y me fascinan los cazadores del extremo norte que han convivido con ellos. Con el tiempo, he querido visitar a los ancianos gwich'in para preguntarles cómo era su pensamiento y su relación con la naturaleza en el pasado. Sin embargo, no he venido a la aldea de Old Crow con un propósito claro. Además de escuchar historias del pasado, también quisiera saber en qué situación se encuentran los nativos ahora y conocer a tanta gente como sea posible, si existe esa oportunidad.

Mientras me sentaba en un rincón y escuchaba las voces de la gente, me sorprendió el hecho de que los problemas de los nativos gwich'in en las tierras salvajes del Lejano Norte son exactamente los mismos que tenemos nosotros. En resumen, se trata de una preocupación generalizada ante una nueva era, que afecta a su entorno natural y a sus propios corazones. Escuché decir a muchos que sus valores se han diversificado frente a la modernización y que no saben a quién acudir en busca de apoyo emocional. Si yo fuera un joven indígena gwich'in, me pregunto qué dirección tomaría en la vida. Siempre me sorprende la forma en que la gente intenta desesperadamente encontrar una dirección mejor en una situación en la que parece que la salida está bloqueada en todas direcciones.

Dentro de cinco años estaremos en siglo XXI y la situación en la que estamos para esta época es difícil de creer: agotamiento de recursos, problemas de población, contaminación ambiental... Solo pensar en ello me hace sentir impotente, tal vez porque no logramos pensar en la solución más adecuada. Sin embargo, también creo que no hay que dar con la mejor solución para empezar a hacer algo. Es un cierto alivio pensar que no existe una única respuesta correcta.

Nos resultaría difícil que se nos pidiera asumir la responsabilidad por la Tierra y la humanidad dentro de mil años. En palabras, suena hermoso, pero en la realidad, es demasiado lejano. Sin embargo, pienso de esta manera:

puede que mil años sea imposible, pero ¿no tenemos responsabilidad hacia el mundo dentro de cien o doscientos años? Es decir, aunque no sepamos la respuesta correcta, tenemos la responsabilidad de dirigirnos en una dirección mejor en nuestra época. En ese sentido, podríamos decir que tanto los indígenas gwich'in como nosotros estamos en un viaje constante.

—He vivido en la sociedad blanca toda mi vida —empezó su intervención Laurie, quien decidió ponerse delante del micrófono hacia el final del encuentro—. A través del divorcio de mis padres y el mío, me perdí y finalmente tomé conciencia de la sangre indígena que corre a mitades por mi cuerpo. Mirando hacia atrás, tuve una infancia muy inestable. Durante mucho tiempo no supe quién era. Un día, fui a visitar el pueblo donde nació y creció mi madre, y sentí en el acto que pertenecía a ese lugar. A partir de entonces, poco a poco, empecé a participar en las reuniones indígenas gwich'in.

La historia de Laurie pareció liberar todo lo que la había estado reteniendo.

—Me alegro de haber venido a esta reunión —finalizó.

Más tarde, dentro de la tienda, escuché a Laurie hablar consigo misma en voz baja. Apenas nos cruzamos por un instante en el pueblo de Old Crow, y no sabemos nada de la vida del otro. Sin embargo, sentí que Laurie también estaba en ese viaje constante.

Hoy termina la reunión de los indígenas gwich'in. Anoche se prepararon diversos platos con carne de caribú y la gente bailó hasta altas horas de la noche, llenando sus estómagos con las bendiciones que brinda la naturaleza de esta tierra. A mí también me arrastraron al círculo.

Es otro día caluroso y soleado. Los nativos de Alaska regresan a sus aldeas en bote por el río Porcupine. La vasta tundra se extiende hasta donde alcanza la vista. Nubes blancas, como pintadas en acuarela, flotan suavemente en el firmamento, realmente inmenso. Un cuervo grazna mientras se eleva hacia el cielo azul y desaparece en la distancia.

4 de julio de 1994

DESDE SALZBURGO

Escribo estas letras desde Salzburgo, Austria.

Es mi primera vez en Europa. Me siento como un niño que ha venido solo de excursión o como una persona del campo que viaja por primera vez a Tokio: con una emoción indescriptible. A pesar de haber vivido en América durante dieciocho años, y aunque Europa está muy cerca de Alaska pasando por el Ártico, nunca había estado en este continente.

Vine para un festival organizado por la Sociedad Alemana de Fotografía de Naturaleza (GDT)[16] en Düsseldorf, donde hablé sobre el tema «Gente y naturaleza en Alaska». Después de esto, decidí pasar el resto del tiempo en Salzburgo. Como mi viaje solo duraba diez días, preferí quedarme tranquilamente en una sola ciudad en lugar de apresurarme a visitar muchos lugares. Tengo amigos austríacos que viven en Salzburgo, una ciudad que siempre había admirado. Cuando mencioné *The Sound of Music*[17],

16 *Gesellschaft für Naturfotografie* (GDT). Se fundó en 1971, inicialmente como *Gesellschaft Deutscher Tierfotografen* (Sociedad Alemana de Fotógrafos de Animales). En 2019, amplió su enfoque a toda la naturaleza y cambió su nombre.

17 *Sonrisas y lágrimas* es el título con el que se distribuyó y proyectó en España la famosa película de género musical producida y dirigida por Ro-

mi amigo me miró con desengaño y dijo «¿tú también?» —es decir, como la mayoría de los turistas—. En aquellos días, cuando los viajes al extranjero eran realmente raros, los paisajes de Salzburgo en la película se hicieron inolvidables. Todavía recuerdo lo profundamente que me impresionaron los encantadores y antiguos escenarios de la ciudad, rodeados por los Alpes, y cómo me parecía increíble que existieran lugares tan hermosos en el mundo.

Partí de Düsseldorf en un tren por la mañana, contemplé el río Rin y crucé los valles de los Alpes, llegando a Salzburgo tarde en la noche. Mientras viajaba en el coche de un amigo que había venido a recogerme, la antigua Fortaleza de Hohensalzburg emergía iluminada en la distancia a lo largo del río Salzach que atraviesa la ciudad, y para alguien como yo, que venía de la vasta naturaleza de Alaska, era realmente otro mundo. Es asombroso vivir en un paisaje en el que la historia está tan claramente frente a ti, y no simplemente como una forma de conocimiento. Siento que eso influye de alguna manera en la forma de pensar de las personas. Quizás, de manera inconsciente, sentimos el flujo invisible del tiempo y nos preguntamos por nuestros orígenes.

En lugar de visitar sitios históricos y turísticos, he preferido entrar en los cafés de la ciudad o en los restaurantes de barrio y observar las expresiones de la gente, es mi manera de disfrutar mis paseos diarios por Salzburgo. Siempre me detengo por la tarde en el café «Mozart» para tomarme uno y observar a las personas jugando al ajedrez o leyendo el periódico. Es interesante que no sepas nada de la vida de la persona que está sentada a unos metros a tu lado y nunca aca-

bert Wise con el título original *The Sound of Music* (1965). En América Latina se distribuyó con el título *La novicia rebelde*.

bes por conocerla; aunque sea algo obvio, cuando viajo por tierras desconocidas, siempre tiendo a pensar en esas cosas.

Ah, cierto, hoy también fui a la barbería porque tenía el pelo largo. Esto es algo que siempre he creído: cuando estás de viaje y quieres captar el ambiente de la gente que vive allí, debes ir a la barbería. No puedo explicarlo bien si me lo preguntas, pero al sentarme en la silla junto con los habitantes de la ciudad, mientras me cortan el pelo o me afeitan, de alguna manera empiezo a sentirme como si fuera uno de ellos.

—En Suiza, la naturaleza ya no existe —me dijo una vez un suizo que conocí en Alaska—. Casi todo es una naturaleza artificial creada para el hombre. Si pudieran, los suizos incluso habrían cambiado la posición de las montañas.

Durante este viaje, entendí por qué hay tantos turistas suizos y alemanes en Alaska. Hace unos días, subí una montaña en las afueras de Salzburgo con un amigo. Sin embargo, viniendo de Alaska, los Alpes europeos parecen pequeños, como un jardín en miniatura. Son muy hermosos, pero carecen de profundidad. Es una naturaleza que te reconforta, pero no tiene esa grandeza que parece rechazar al ser humano. Los europeos se sienten atraídos por Alaska porque quieren ver auténtica tierra salvaje. Pude comprobarlo de primera mano.

Una persona que viajó a Alaska hace más de cien años dijo: «No vayas a Alaska en tu juventud. Viaja allí al final de tu vida». Entiendo que es porque otros lugares del mundo te parecerán pequeños e insatisfactorios después. No es que crea que la gran naturaleza sea maravillosa y la pequeña naturaleza no lo sea, pero recordé esas palabras de aquel antiguo viajero.

Lo que más me sorprendió al llegar a Salzburgo fue la antigüedad de los edificios. Anoche asistí a un concierto clásico, y el lugar, construido en piedra, tiene al menos trescientos años de antigüedad. La Fortaleza de Hohensalzburg, visible desde cualquier parte de la ciudad, fue construida en el año 1077. Fue un golpe que destrozó mi sentido del tiempo y de la historia, un recordatorio impactante de lo cerca que está la historia antigua de la vida moderna, y una reafirmación de lo reciente que fue la historia occidental, como la cultura romana o el Renacimiento.

En mis viajes por Alaska, he desarrollado mi propia medida de la historia humana. Esa medida se basa en la presencia del «puente» de Beringia. Se refiere al momento, hace aproximadamente diez mil años, durante la última era glacial, cuando personas originarias de Asia Oriental migraron desde su continente hacia América del Norte a través de lo que en ese entonces era la región seca de Beringia —hoy el estrecho de Bering—. En algún momento, esos diez mil años dejaron de parecer tan lejanos en el pasado. Si uno retrocede en la historia teniendo como medida la existencia de la humanidad, esa migración no es un evento tan distante. De hecho, la última era glacial parece haber ocurrido recientemente.

Quizás por pensar de esa manera, la historia europea parece ser increíblemente reciente para mí. Cuando estoy frente a edificios de la época del Renacimiento, me sorprende darme cuenta de que solo tienen unos cuatro o cinco siglos de antigüedad. ¿Es por la relativa brevedad de la historia humana, o por la rapidez con la que ha cambiado el estilo de vida humano?

Lo que realmente aprecio de mi primera visita a Europa es haber experimentado el flujo del tiempo en dos mundos diferentes, incluyendo Alaska. Verlo con mis propios ojos es una experiencia completamente diferente a leer sobre ello en un libro o escucharlo de alguien más. Siento que cuando regrese a Alaska podré viajar con una sensación ligeramente diferente.

Mañana iré a un pueblo en las montañas, a unos 50 kilómetros de Salzburgo, con un amigo. Es su pueblo natal, y vamos a visitar a sus padres, que son muy mayores. Dicen que es hermoso. Cerca, en el valle de Hallstatt, escuché que aún viven descendientes de las personas que han extraído sal de roca desde la prehistoria. Me gustaría visitarlo algún día.

Hoy ha nevado un poco. Extraño el invierno de Alaska.

Hasta pronto.

28 de octubre de 1994

EL PUEBLO AMISH

Dejé Alaska atrás y ahora estoy en Pittsburgh, Pensilvania.

Aunque sea noviembre, no siento tanto el frío al haber venido del norte invernal. Me gusta el frío helado de Alaska, incluso cuando hace 50 grados centígrados bajo cero.

El Museo Carnegie de Historia Natural, aquí en la ciudad, acaba de inaugurar una exposición de tres meses de fotografía: «Alaska». Vine aquí para la inauguración. Cuando llegas a las grandes ciudades del continente, te das cuenta de lo remota que es Alaska. Los lugares que solían ser familiares de repente parecen pertenecer a un mundo completamente diferente.

No tenía ningún otro plan en la ciudad y me preguntaba adónde ir, cuando de repente me vino a la mente la idea de los amish. Hay varios pueblos amish en Pensilvania. Después de mucho investigar, decidí visitar New Wilmington, el más cercano a Pittsburgh.

La historia de los amish se remonta a principios del siglo XVI, durante la Reforma Protestante, cuando algunas personas decidieron regresar a una vida de fe simple según lo establecido en la Biblia. Hoy en día, aquellos que han mantenido esta forma de pensar viven en comunidades separadas, siguiendo un estilo de vida completamente apartado de la modernidad. Son extremadamente escépticos hacia la tecnología y muchos de ellos no usan electricidad. La mayoría no busca educación superior y rara vez se integran en trabajos de la sociedad moderna. Cada familia vive de forma sencilla con su propia granja.

La vestimenta de la gente amish es bastante llamativa, es posible que la hayas visto en películas estadounidenses. Tanto hombres como mujeres usan sombreros negros de ala ancha y ropa negra sencilla, sin adornos. Otro símbolo distintivo de los amish son sus pequeños carruajes negros que parecen cajas. En una sociedad dominada por los automóviles, estos carruajes resaltan la presencia de los amish.

Siendo Estados Unidos un país que representa la esencia de la modernidad, siempre me ha sorprendido la existencia de comunidades que parecen ir en contra de la corriente histórica del ser humano. Es decir, una sociedad que rechaza activamente muchos aspectos del progreso actual.

Tras un viaje de unas tres horas en coche, llegué a la pequeña aldea de New Wilmington, un típico pueblo rural. La comunidad amish se extiende por las afueras de este pueblo. Como era de esperar, dado que atrae a visitantes como yo, he oído que los amish de aquí son bastante reservados.

Al salir de la ciudad y bajar por una larga cuesta que me adentraba en una hermosa zona rural, un carruaje negro apareció frente a mi coche, de repente. La diferencia de velocidad era tal que me hizo dudar de mis propios sentidos. Sin saber qué hacer, lo seguí durante un rato y luego, con cautela, lo adelanté. En el espejo retrovisor pude ver por un instante el rostro de la persona que iba en el carruaje. Lo que me llamó la atención no fue su peculiar atuendo amish, que veía por primera vez, ni su larga barba que lo hacía parecer Santa Claus. Era algo difícil de explicar, una especie de aura que emanaba de su mirada, una intuición que me decía que esa persona pensaba de forma completamente diferente a mí. El carruaje negro se fue haciendo cada vez más pequeño en el espejo retrovisor hasta que finalmente desapareció.

Un poco más adelante, en el límite de la zona rural, encontré una pequeña casa de ladrillo. Era una construcción antigua y desgastada, que parecía olvidada en el tiempo, con apenas una habitación. Cuando estaba a punto de pasar de largo, la puerta se abrió y unos niños amish, vestidos con trajes tradicionales, salieron corriendo. ¡Era la escuela del pueblo! Como si el tiempo hubiera retrocedido cien o doscientos años.

Mientras conducía por un pintoresco paisaje agrícola, noté que en ninguna de las casas había automóviles, solo pequeños carruajes negros estacionados. Además, no había cables eléctricos a la vista. Me sentí irresistiblemente tentado a mirar dentro de las casas para ver cómo vivían.

«Se venden colchas [*quilts*]», rezaba un cartel frente a una de las casas. Decidí detenerme. Parecía que en una pequeña habitación en la parte trasera estaban vendiendo diversas artesanías hechas por los habitantes del pueblo.

Al entrar, vi a una niña de unos doce o trece años, realmente adorable, atendiendo la tienda sola. Al igual que la primera vez que vi al amish en el carruaje, quedé muy impresionado. No era por la vestimenta anacrónica, sino por la presencia que emanaba. No parecía una niña que viviera en el mundo moderno. Mientras escogía una colcha, de repente la miré y noté que ella también me estaba observando discretamente.

—¿Hay algún lugar para comer en este pueblo? —quería hablar con la niña a toda costa, y esa fue la única pregunta que se me ocurrió después de mucho pensar. Fue una pregunta tonta. No había manera de que en un pueblo amish hubiera restaurantes.

—No hay nada en este pueblo, pero hay una pequeña tienda a las afueras del pueblo donde se puede conseguir un bocadillo —respondió la niña con mucha timidez.

Pensé que tal vez, de vez en cuando, esta niña salía con su familia en el carruaje al pueblo y comía bocadillos en esa tienda. Me sentí aliviado y feliz cuando una escena así me vino a la mente. Le di las gracias, compré un pequeño souvenir y salí de la tienda.

Solo pasé un día en la aldea amish. En realidad, solo di vueltas por la zona rural. Sin embargo, cada paisaje quedó grabado de forma indeleble en mi memoria. Un niño solitario sentado en un columpio en una granja, mientras el sol comenzaba a ponerse y el humo ascendía de las casas... ¿cómo habría pasado las tardes venideras? Frente al granero de una granja, dos jóvenes estaban conversando mientras llevaban azadas al hombro. Me pregunto de qué estarían hablando... Y en la tenue luz del atardecer, la silueta de una pareja de ancianos arando la tierra con un caballo. Era como observar una pintura medieval.

Nunca dudamos de la historia del progreso humano. Ahora, empezamos a darnos cuenta de las sombras que ese progreso implica y nos quedamos asombrados y perplejos. Sin embargo, aún no comprendo completamente qué es lo que los amish están tratando de decirnos.

Después de comer en la tienda que me recomendó la niña, paseé por el pueblo de New Wilmington. Allí, las personas que viven en la civilización moderna y los amish, que le dan la espalda, coexisten lado a lado. ¿Cuál es la frontera entre estos dos mundos, conectados por una única carretera? ¿Qué atraviesa la niña en su viaje en carruaje a la ciudad, y qué vuelve a atravesar en su regreso al pueblo? La ambigüedad de un mundo así parecía posible.

No sería extraño que en algún lugar de su corazón, la niña anhelara la vida en el pueblo, llena de cosas materiales. No puedo evitar desear que así sea. Y los habitantes de New Wilmington, al observar a la niña amish cuando sale al pueblo, seguramente también se pondrán a pensar en algo.

El sol se ha puesto y la calle principal del pueblo se iluminaba cálidamente. Se acercaba el Día de Acción de Gracias y esta pequeña ciudad rural de Estados Unidos estaba llena de un ambiente festivo.

En ese momento, de algún lugar, escuché el sonido de cascos de caballos, *cloc*, *cloc*, *cloc*. Al girarme, vi un carruaje negro que venía por la calle y pasó frente a mí como el viento. No pude evitar seguir mirándolo. Incluso cuando desapareció de mi vista, el sonido de los cascos seguía resonando en mi interior.

22 de noviembre de 1994

SEGUNDA PARTE

NAOYUKI SAKAMOTO

En el Parque Nacional Denali, durante el otoño, me encontré por casualidad con el Dr. Asahina y su esposa. Me imaginaba que ya habrían llegado a Alaska, pero no esperaba encontrarlos de repente en ese lugar...

Mientras observaba desde el borde del camino a una osa grizzly y su cachorro en una ladera lejana de la montaña, un autobús del Lodge Camp Denali se detuvo justo frente a mí, y la pareja salió de su interior, con cara de emoción. Verlos a ambos así, después de haber viajado tan lejos, me hizo sentir muy feliz. Antes de darme cuenta, nos estábamos estrechando las manos con fuerza. Había estado un poco preocupado, considerando la salud frágil de la señora Asahina, y su avanzada edad, y me preguntaba si este viaje sería posible para ellos.

El Dr. Asahina, jubilado de la Universidad de Hokkaido, es un biólogo que ha estudiado los insectos en regiones frías y fue uno de los líderes fundadores del club de montaña de la Universidad de Hokkaido. Nos conocimos hace tres años, durante el Festival de la Nieve de Sapporo, gracias a nuestra conexión con el pintor de montañas Naoyuki Sakamoto, a quien nunca conocí en vida.

En febrero de ese año, iba a realizar mi primera exposición fotográfica en Sapporo y tuve que escribir un artículo titulado «Con motivo de la exposición fotográfica» para un periódico local. Desde mi adolescencia, me fascinaba Hokkaido, y mientras pensaba en qué escribir, de repente me vino a la mente Naoyuki Sakamoto. Mi amor por la naturaleza del norte japonés se había intensificado a través de sus pinturas y libros.

Nacido en Kushiro en 1906 (el año 39 de la era Meiji), Sakamoto se graduó en la Facultad de Agricultura de la Universidad de Hokkaido y luego comenzó una vida de colonización de las tierras salvajes de Tokachi. Después de más de treinta años de luchar contra tierras estériles y perder la batalla, cambió la azada por el pincel y se convirtió en un pintor de montañas. Su obra se centró en plasmar los paisajes naturales de las cordilleras de Hidaka y de cada estación del año. Me fascinaba su forma de vida tan intensa, pero sobre todo me encantaban sus cuadros, que transmitían una vida profundamente conectada con la tierra.

Kaikon no Ki (Crónica de la colonización), *Gen'ya kara Mita Yama* (Montañas vistas desde la tierra salvaje), *Setsugen no Ashiato* (Huellas en la nieve)... estos libros siguen en la estantería de mi casa en Alaska. El mundo de Sakamoto se fusiona con mi anhelo por la naturaleza de Hokkaido y, de alguna manera, siento que se conecta con Alaska.

Inesperadamente, una vez comenzó la exposición fotográfica, muchos de los amigos de Naoyuki, aficionados a la montaña, incluido el Dr. Asahina, asistieron al evento después de leer el pequeño artículo en el periódico. Asahina había sido compañero de Sakamoto en el club de montaña de la Universidad de Hokkaido, y su esposa era la hermana menor de Sakamoto. Ese encuentro fue el desencadenante de este viaje a Alaska.

Entre los compañeros que vinieron a ver la exposición fotográfica, había una mujer de unos cincuenta años, a quien conocí como señora I. Nuestra conversación fue animada y, antes de darnos cuenta, el tema giró en torno al libro de Sakamoto *Setsugen no Ashiato* (*Huellas en la nieve*). Me gustaba el primer capítulo de ese libro, «El canto de Poroshiri». Es una historia sobre antiguos compañeros de montaña, agotados por la rutina, que se reúnen después de mucho tiempo para recorrer la inexplorada zona del Poroshiri, un paraje secreto en la cordillera de Hidaka, y la cuenca glacial de Nanatsunuma abrazada por sus laderas. La alegría de esa expedición se transmite al lector, calentando el corazón. Sakamoto, al encontrarse con la hermosa vista del gran Nanatsunuma, con sus campos de flores y nieve persistente, escribió: «Este lugar secreto y tranquilo, donde nuestros antepasados ainu solían ir a cazar osos, me pareció a mí que albergaba leyendas y sueños inexplicables».

Me gustaron los sentimientos sencillos de Sakamoto hacia los pueblos indígenas de esa tierra. No era una nostalgia cualquiera, sino más bien una tristeza impregnada en la vida misma, una mirada arraigada en la realidad.

—Yo también subí al Poroshiri con él —dijo la Sra. I, visiblemente emocionada.

—¿Podría ser usted la «jefa de cocina en ascenso, señorita I» mencionada en el libro? —le pregunté.

Había leído el libro tantas veces que recordaba incluso esos pequeños detalles. Aunque era la primera vez que nos conocíamos, sentí una familiaridad con la Sra. I, como si fuéramos viejos conocidos.

En ese entonces, existía una revista sobre las montañas de Hokkaido llamada *Kita no Sanmyaku* (Montañas del Norte), que yo leía con avidez a pesar de nunca haber estado allí. La librería Meikeido en Tokio era el único lugar que la vendía. Al recordar esto, me doy cuenta de cuánto me atraía la naturaleza del norte de Japón.

Cierto día, cuando la exposición fotográfica ya estaba a punto de terminar, sucedió algo completamente inesperado: la viuda de Naoyuki Sakamoto, la Sra. Tsuru, llegó a la sala. Debía de tener ya cerca de ochenta años, pero en su aspecto elegante y pulcro podía percibirse el olor a tierra de sus treinta y tantos años de trabajo en la naturaleza.

Mi recuerdo favorito de la exposición fue haber sido invitado a la casa de la Sra. Tsuru en Teine (Sapporo), donde me ofreció un desayuno casero lleno de cariño: un caldo de fuki-no-to[18] y arroz caliente... jamás había probado un desayuno tan delicioso, y no pude evitar repetir varias veces. Mientras observaba los antiguos libros que decoraban la casa, descubrí que Naoyuki era pariente de Sakamoto Ryoma,[19] el famoso samurái y héroe del siglo XIX.

Me enseñó varios álbumes de fotos que documentaban la dureza de su vida en la colonización de las tierras del norte. Me llamó la atención que uno de ellos, titulado originalmente «Crónicas de la colonización», se hubiera convertido con el tiempo en «Crónicas del arrepentimiento». No pude evitar sentir una mezcla de humor y emoción al pensar en los más de treinta años de lucha y derrota que había vivido Naoyuki Sakamoto. Ahora comprendía que,

18 El fuki-no-to (ふきのとうのお) es una verdura silvestre comestible muy popular en la cocina japonesa. Son los brotes jóvenes de la planta petasita (*Petasites japonicus*), originaria del este de Asia. Los fuki-no-to tienen un sabor ligeramente amargo y a nuez, y se suelen cocinar de diversas formas, como salteados, encurtidos o añadidos a sopas y guisos.

19 En japonés, el orden de los apellidos es inverso al del español. Es decir, el apellido familiar se coloca primero, seguido del nombre de pila. Sakamoto (坂本) es el apellido y Ryoma (龍馬), el nombre. Aunque es común que al romanizar la escritura se ponga el nombre de pila al principio, como en Naoyuki Sakamoto (坂本直行).

al tomar el pincel, había logrado redimir esos años y, en última instancia, vencer. La foto de la Sra. Tsuru en la primera página del álbum, con su aspecto de niña encantadora, me dejó una impresión imborrable.

De entre todas las historias del libro *Setsugen no Ashiato*, la que más me impactó fue la del anciano ainu Hiroo Matayoshi. Se decía que Matayoshi era hijo de la naturaleza. A pesar de verse obligado a la vida de colono, Sakamoto solía recorrer en solitario las montañas del sur de Hidaka, por donde el viejo Matayoshi solía ir a cazar osos. En aquella época, no era común que alguien anduviera solo por la montaña, por lo que el nombre «Sakamoto» llegó a oídos del anciano, que habitaba un pueblo pequeño. La escena de su primer encuentro en la herrería del pueblo me parece entrañable. Un amigo del viejo, los presentó:

—Matayoshi, este tipo es Sakamoto, un hombre que recorre las montañas sin que nadie se lo pida, al igual que tú. Es de los tuyos. No estoy hablando de un oso, estoy hablando de uno que patea osos.

—Ah, ¿el señor Sakamoto? He oído hablar de usted. Tenía ganas de conocerlo, así que me alegra que nos encontremos. He escuchado que también camina mucho por las montañas, ¿verdad?, ¿le gustaría beber algo?

—Yo también tenía muchas ganas de conocerlo, Matayoshi. Me alegra mucho que haya sido hoy. Bebamos.

En el pasado, a Matayoshi le habían arrebatado las tierras que le había dado el gobierno, y en sus últimos años vivió en una pobreza extrema. A pesar de eso, no guardaba rencor y tenía una personalidad desinteresada y tranquila, lo cual cautivaba cada vez más a Sakamoto.

Pasaron muchos años. Un día, el anciano apareció en la casa de Sakamoto, con su viejo y gastado rifle Murata al hombro. Pasaron una noche inolvidable juntos. Con la cara enrojecida por el shochu[20], Matayoshi relataba historias de cacería y cantaba melancólicas nanas ainu, dejando una fuerte impresión en Sakamoto. Para los niños, Matayoshi era como un emisario de un mundo de fantasía:

—Anciano, ¿cómo te enfrentas a un oso?

— Bueno, si creo que no le voy a dar, no disparo... Cuando veo venir al viejo oso, viene sin darse cuenta, con la cabeza baja y así no puedo disparar. Entonces, hago un fuerte carraspeo. En ese momento, el oso se sorprende, se levanta y ruge. Ahí es cuando disparo, y todo sale bien.

Los niños escuchaban con la respiración contenida, rodeando a Matayoshi y asombrándose con cada palabra que salía de su boca.

Un día, un guardabosques pasó por la casa de Sakamoto y tuvieron una conversación sobre la edad del anciano.

—Según el registro, Matayoshi tiene 86 años, nacido en una fecha no especificada en enero del cuarto año de la era Meiji. Pero hay rumores de que en realidad tiene al menos veinte años más, aunque ni él mismo sabe su verdadera edad.

—¿Y cómo es eso?

—Según las historias de Matayoshi, su edad verdadera tiene que ser mayor. No sé la fecha exacta, pero parece que hubo una guerra entre los ainu de Tokachi y los ainu de Hidaka, en las montañas, hace muchos años. Matayoshi era el jefe de los ainu de Hidaka. No podría haber sido un niño de diez años, tendría que haber tenido al menos unos veinte. Al parecer, el anciano es el único que recuerda dónde ocurrió esa guerra.

20 El shochu es una bebida alcohólica japonesa destilada, que se diferencia del sake, que es fermentado.

Después de eso, Naoyuki Sakamoto visitó al anciano Matayoshi con Genzo Sarashina, un investigador de la etnia ainu en Sapporo, y confirmaron, inesperadamente, la verdadera edad del anciano. A principios de la era Meiji, cuando hubo un intercambio territorial entre Rusia y Japón, que involucró toda la isla de Sajalín y las islas Kuriles, los ainu que vivían en Sajalín fueron repatriados a Hokkaido. Matayoshi contó que había viajado hasta Sapporo en ese entonces y que la apariencia de los ainu repatriados era muy diferente a la de su propia gente. Este evento ocurrió en el octavo año de la era Meiji, mientras que el registro de nacimiento de Matayoshi señala el cuarto año de la misma era. Esto significaba que era viejo; es decir, que cazaba osos por las montañas, cargado con un rifle y poca comida, a una edad cercana a los cien años.

La noche de Navidad del año en que se escuchó esa historia, Matayoshi falleció:

> El carro que llevaba el ataúd, escoltado por unas pocas personas, se dirigía hacia el cementerio en medio de la naturaleza, desde donde se veía el océano Pacífico. Observé el solitario cortejo funerario desaparecer en el horizonte nevado hasta que se perdió de vista… La casa vacía, sin herramientas, se veía terriblemente desolada sin su dueño. El viejo y maltrecho rifle Murata que Matayoshi tanto usaba colgaba descuidadamente de un clavo. Al verlo, una intensa tristeza me invadió y no pude evitar derramar lágrimas mientras cabalgaba a través de la nieve… La cima del monte Omusha brillaba contra el cielo crepuscular a contraluz, en la cabecera del río, donde el anciano solía adentrarse a menudo. Las estrellas de Nupuka chocaban contra la Tierra.

Cuando leí el libro, supuse que ese mundo ya era parte del pasado. Sin embargo, siendo un adolescente, soñaba con las tierras salvajes del norte, que nunca había visto, y pensaba que algún día viviría allí.

En lugar de terminar en Hokkaido, acabé yendo a Alaska. A veces me pregunto si, al vivir aquí, estoy experimentando lo mismo que Naoyuki Sakamoto vivió en su tiempo al conocer y despedirse de Matayoshi. Mientras recorro esta tierra, siento que, entre los esquimales y los atabascanos, me he encontrado con muchos personajes así.

Al año siguiente de la exposición fotográfica de Sapporo, me llegó una carta desde Hokkaido. Era una invitación a la inauguración del Museo Conmemorativo de Naoyuki Sakamoto, en las afueras de Obihiro. Nunca vi al pintor antes de su muerte y solo era uno de sus admiradores, pero la Sra. Tsuru debió de fijarse en mí por alguna razón. Aunque no pude viajar desde Alaska, me alegré de su considerado gesto.

Creo que las pinturas de Naoyuki Sakamoto, creadas en paralelo a su vida en la naturaleza durante más de dos décadas, se exhibirían según cada estación del año. La construcción del museo fue financiada por Rokkatei, una famosa confitería de Hokkaido, que apoyó el modesto trabajo de Naoyuki. Muchas personas reconocerán las hermosas envolturas de Rokkatei, diseñadas con sus pinturas florales. Además, esta tienda también publica la revista de literatura infantil *Sairo*, en cuyas portadas se han utilizado las obras del pintor.

El pasado febrero, por fin pude visitar el museo. Rodeado de un bosque de robles en las afueras de Obihiro, el edificio se fundía con el paisaje y desprendía el aroma de los tiempos de los colonos de estas tierras. Era realmente un monumento a Sakamoto. Mientras pisaba la nieve y miraba los árboles aún cubiertos de hojas secas, sentí como si me hubiera encontrado con un viejo conocido, pensando que aquel era el roble del que Naoyuki tanto hablaba. En Hokkaido, no hay tierra salvaje que no tenga robles, lo que no es óptimo para tierra de cultivo y por eso los agricultores despreciaban el terreno:

> Cuando pasé mi primer invierno en el bosque, me intrigaron mucho los robles que mantenían sus hojas secas a pesar de la nieve. Era un elemento adecuado en el paisaje desolado y monótono del monte invernal, como única fuente cálida en un entorno dominado por colores fríos. El roble, rugoso y áspero, es un salvaje protagonista temiblemente fuerte y poderoso, con una tremenda fuerza vital. Para los colonos, no hay árboles más estrechamente vinculados a su vida que los robles. Y para los montañistas que recorren el monte, pocos árboles dejan una impresión tan duradera como estos.

Quizás debido a que era fuera de temporada, casi no había visitantes en el museo, y todo estaba en silencio. Al entrar, encontré un espacio acogedor, lleno de luz invernal. Me alegró ver las pinturas de Naoyuki exhibidas en un ambiente tan amplio y relajante. Caminé por el suelo de madera, que crujía agradablemente bajo mis pies, mientras contemplaba cada uno de los cuadros.

Los témpanos de hielo del cabo Nosappu, la cordillera de Hidaka en pleno otoño, los campos de nieve, los robles secos... reconocí algunas de estas pinturas gracias a los libros. Entonces, me detuve frente a un pequeño boceto. El título decía, en letras pequeñas: «Retrato de Hiroo Matayoshi».

En Alaska, el profesor Asahina y su esposa pasaron una semana en una cabaña al pie del monte Denali y también visitaron mi casa en Fairbanks. Fue un viaje corto, pero fructífero, pudieron ver los colores del otoño, la nieve recién caída e incluso la aurora boreal.

—Si mi hermano hubiera estado vivo, estoy segura de que le habría encantado venir a Alaska —dijo la Sra. Asahina.

Nunca podré olvidar sus palabras.

EL PASO DEL TIEMPO

En junio, hice una exposición fotográfica en Tokio. Como paso casi todo el año en Alaska, la exposición me dio la oportunidad de encontrarme con varias personas. Una amiga de la infancia, a la que no veía desde hacía veinticinco años, ahora era la jefa en un restaurante de sushi. Recordé que, incluso en aquel entonces, tenía mucha energía. Entre otras personas, me encontré también con la madre de T después de mucho tiempo.

Fue hace dieciocho años. Todavía era joven, yo tenía veintiuno. Terminaba mi campamento de verano en el Monte Tanigawa. De regreso en el tren nocturno, abrí el periódico y, por casualidad, vi la foto de T, un amigo cercano de la escuela secundaria. Tuve un mal presentimiento. Hacía solo diez días que T había venido a mi casa a pedirme prestada mi cámara y mi piolet.

—No rompas la cámara —le había dicho bromeando antes de despedirnos.

Los periódicos habían informado de que un grupo de tres personas de la Universidad de Chiba, entre ellas T, había desaparecido. Nunca olvidaré el largo viaje en tren de aquella noche hasta la estación Ueno.

A la mañana siguiente, a primera hora, me dirigí a Nagano con mis amigos. Mientras esperaba en la comisaría local, en donde estaban muy ocupados al teléfono, a través de la ventana abierta de la sala, un mar de hierba de verano se mecía con el viento. A pesar de las dificultades, podía admirar esa visión a través de la ventana. Pensé que, con el paso del tiempo, sin duda recordaría ese mar de hierba estival. Por alguna razón, solo entonces me di cuenta de que T ya no estaba en este mundo.

En el lugar del accidente, me encontré con la madre de T. Para mí, que la conocía desde niño, era como una segunda madre. Contempló a T, transformado por la tragedia, sin derramar una sola lágrima. Al contrario, con una sonrisa amable, me dijo: «vive tanto como él hubiera querido». Las posiciones se invirtieron y yo me encontraba siendo consolado por ella. Aunque el cuerpo de T y el piolet estaban destrozados, extrañamente, la cámara estaba intacta.

Ahora que lo pienso, ese evento puso un punto final a mi juventud. Buscaba desesperadamente una conclusión firme tras la muerte de T. No podía avanzar hasta que la encontrara. Pasó un año y, en un momento, encontré la respuesta. Era algo simple. Fue el fuerte deseo de «haz lo que te gusta». La muerte de T, de una forma u otra, me dio la sensación de estar vivo. Me di cuenta de que volvía constantemente a las palabras que me dijo su madre en el lugar del accidente. Alaska, el lugar adonde había ido cuando tenía 19 años, de repente se volvió muy significativo. Sabía que tenía que volver a Alaska de todos modos. Quería formar parte de la inmensa naturaleza.

Cuando regresé al campus de la universidad, sentí que ya no era mi mundo. Estudiantes charlando con raquetas de tenis en la mano, otros dando discursos apasionados frente a los carteles... el paisaje que me era familiar, ahora lo veía como otro mundo. Aunque no sabía nada sobre mi futuro, tenía la certeza de que debía dejar ese lugar de inmediato.

Elegí la fotografía como profesión y regresé a Alaska. Han pasado trece años desde eso y sigo intentando echar raíces en esta tierra. Desde la muerte de T, he seguido adelante sin detenerme.

Cada vez que volvía a Japón, visitaba a la madre de mi amigo. Su habitación siempre estuvo igual, como si regresara a un pasado lejano. La madre envejecida me hablaba como solía hacerlo, haciéndome sentir como un adolescente de la escuela secundaria. Sin embargo, apenas hablábamos sobre nuestros recuerdos de T.

Ese día en Tokio, cuando volví a ver a la madre de T en la exposición, me pareció que se veía un poco más joven. Sentada allí, mientras conversábamos tranquilamente después de mucho tiempo, de repente, comenzó a hablar sobre T, como si se hubiera roto un dique. En la amplia sala, el pequeño espacio que nos rodeaba se cerró sobre nosotros.

—Siento como si él hubiera estado viajando contigo todo este tiempo desde que te fuiste a Alaska...

Aunque T no hubiera muerto, probablemente habría ido a Alaska. Pero, ¿habría sido capaz de involucrarme con tanta intensidad en lo que hacía? No solo yo, la muerte de T también cambió profundamente la vida de varias personas a su alrededor. La muerte de un ser irremplazable a menudo da una fuerza especial a los que quedan atrás.

Mientras miraba a la madre de T, pensé en que, al final, nunca la había visto llorar. Sentí que vislumbraba un profundo dolor de madre que había perdido a su hijo, un dolor que no podía comprender por completo.

—Recientemente, he comenzado a jugar al ping-pong —dijo después ella, que tiene casi setenta años, con los ojos brillantes como los de una niña pequeña.

Recordé una foto descolorida que me había mostrado alguna vez, de cuando ella aún era una estudiante de instituto, vestida con ropa de montañismo. Curiosamente, estaba superponiendo la imagen de ella jugando al ping-pong con esa vieja fotografía.

La abuela de T, que llevaba mucho tiempo postrada en cama, murió el año pasado. Debió de pasar mucho tiempo fuera de casa para cuidar de la abuela. Quizás ahora ella se está liberando poco a poco de varias cargas.

—Señora, ¿le gustaría que algún día jugáramos una partida de ping-pong? —le pregunté.

Ella asintió felizmente.

Espero de verdad poder jugar un partido de ping-pong con la madre de T algún día.

CORRIENTES MARINAS

Subiendo por la colina de Franklin Street y girando a la izquierda por la Second Street, se encontraba la librería de segunda mano Observatory.

Esta ciudad está llena de colinas. Justo detrás de ella se alzan las abruptas montañas escarpadas de la costa, y en frente, el mar del fiordo. A finales del siglo XIX, durante la fiebre del oro, se encontró mucho del preciado metal en un valle cercano, y la gente fue construyendo la ciudad sobre las laderas de las montañas. Incluso hoy en día no hay caminos que lleven fuera, siendo el avión y el barco los únicos medios de transporte. La pequeña y aislada ciudad de la que hablo es la capital del estado de Alaska, Juneau.

Quizás no haya otra capital de estado más bella en todo EE. UU. Vista desde el aire, una vasta capa de nieve cubre las montañas que la rodean, y uno de los glaciares parece fluir hacia la ciudad. Las colinas bajas y sus faldas están completamente cubiertas por un denso bosque primigenio. La atmósfera húmeda del mar choca contra las montañas costeras, generando más de 4000 mm de precipitación anual y creando este mundo de bosques y glaciares. La corriente marina de Kuroshio, que transporta esta humedad, llega hasta el sur de Alaska desde Japón, pasando por las Aleutianas y el norte del Pacífico dibujando un arco.

En estas tierras remotas, rodeadas por montañas escarpadas, vastos campos de hielo y bosques profundos, me pregunto cómo llegaron hasta allí los indígenas tlingit y haida, que erigieron la cultura de los tótems. Estos se diferencian claramente de los esquimales de la costa ártica y de los indígenas atabascanos del interior, ocupando una posición singular entre los pueblos indígenas alaskeños. Su existencia está llena de misterios.

La puerta de la librería Observatory estaba abierta y, como de costumbre, un viejo perro yacía en el umbral. Ya estaba bastante sordo, así que no se apartaba cuando entraban clientes e incluso cruzaba la calle como si no oyera las bocinas de los coches. «Por eso no podemos quitarle los ojos de encima a este perro», dijo Dee alguna vez, la antigua propietaria del establecimiento.

—¡Hola, Dee!

—¡Oh! Hace tiempo que no te veía... Oye, el libro antiguo sobre los tótems que buscabas la última vez, todavía no lo encuentro. Es una rareza que no es fácil de conseguir.

—Ah, no te preocupes. Solo vine a echar un vistazo.

Siempre que iba a Juneau, me pasaba por esa librería de segunda mano de Franklin Street. Supongo que mi vieja costumbre de visitar esas librerías no ha desaparecido. Llevo yendo a librerías de segunda mano desde que estudiaba en Kanda. El distrito de librerías de allí era mi terreno, y también el del distrito de Waseda —donde estaba la casa de mis abuelos— con más librerías todavía. Ahora, incluso después de mudarme a Alaska, seguía interesado en buscar viejos libros sobre esta tierra del norte.

Relatos de viajes a aldeas esquimales de hace más de cien años, de las primeras expediciones a la cordillera de Brooks, álbumes de fotografías descoloridas sobre la fiebre del oro e innumerables libros antiguos con la palabra Alaska en sus títulos... En cada uno de estos libros se pueden escuchar las voces de las personas que una vez vivieron en esta tierra.

Pero mi razón para venir a la librería Observatory no era solo esa. Era la presencia de la señora que atendía la tienda, Dee. No conozco a nadie que disfrute tanto trabajando en una librería como ella.

—Dee, realmente pareces disfrutarlo —se lo dije una vez.

—¡Es verdad! Me encanta la historia de Alaska, y especialmente la época anterior a 1867, cuando Estados Unidos compró esta tierra a Rusia —me contestó fascinada.

En realidad, su conocimiento sobre la historia de Alaska era impresionante. Era como hablar con una enciclopedia; las fechas y los nombres de las personas fluían sin esfuerzo.

—Aunque olvido cosas importantes del mundo, cuando se trata de la historia de Alaska, recuerdo hasta las cosas más triviales —me respondió un día, con cierta timidez, cuando le pregunté asombrado cómo lo hacía.

Lo divertido de esta anciana es que, al igual que un narrador de cuentos, una vez que empieza a hablar, no puede detenerse. Cuando tienes prisa, debes tener mucho cuidado con las preguntas que haces, o podrías quedarte sin oportunidad de irte. Sus movimientos y manera de hablar eran tan entretenidos como ver una comedia clásica del cine americano, lo que a menudo me hacía reír.

Cada vez que compraba un libro en la librería Observatory, siempre obtenía un 10 % de descuento. Dee tenía cuatro hijas, y si la ocupación de un cliente coincidía con la de sus hijas, el libro tenía un descuento del 10 %. Una de sus hijas trabajaba en un periódico, y con una definición amplia de lo que es un periodista, lograba beneficiarme de ese descuento. Las otras profesiones que calificaban para el descuento eran abogada recién titulada, actriz y bailarina.

—Tengo un mapa interesante, ¿quieres verlo?

La especialidad de Dee eran los mapas. Mapas que parecían antiguos documentos de una época en la que el mundo aún tenía vastas extensiones desconocidas. En Observatory no solo había libros antiguos, sino también una gran colección de viejos mapas. Como cualquiera, la anciana Dee tenías sus propios sueños, y el suyo eran los mapas:

—Lo que hace a la historia de los mapas tan fascinante es la perspectiva de los humanos. Nos cuentan cómo llegamos gradualmente a comprender el mundo.

Colocó un mapa sobre la mesa y lo cubrió con una hoja de plástico transparente para protegerlo. Era un mapa del Pacífico Norte, que incluía Japón y Alaska, creado en el siglo XVII. Por supuesto, no era preciso, y más que un mapa, parecía un dibujo vago de la posición de continentes e islas. Si se observaba de cerca, las letras estaban en francés, lo que sugería que era un mapa hecho en Europa.

—¿Algún japonés navegó por el Pacífico Norte hace más de trescientos años? ¿Cuál era la tecnología cartográfica utilizada en esa época? —me preguntó.

—Bueno, realmente no lo sé, pero no creo que hubiera alguien capaz de hacerlo. Todavía no teníamos la tecnología para hacer mapas —le respondí, y eso debió parecerle suficiente, pues de inmediato comenzó a explicar el misterio del mapa con un aire de orgullo.

—Este mapa es una copia de uno que vieron los europeos cuando visitaron Japón en el siglo XVII, en la corte imperial. Lo llevaron de vuelta a Europa y lo recrearon allí. Es decir, el original estaba en Japón en el siglo XVII. Lo que resulta verdaderamente misterioso es cómo este mapa existía en Japón en aquella época, sin que los japoneses hubieran navegado por el Pacífico Norte ni tuvieran la tecnología para hacer mapas...

Así suelen comenzar sus historias, con lo que yo también termino uniéndome a su fascinación por los mapas antiguos. Sentí que la librería Observatory se apoyaba no solo en su colección de libros, sino también en los conocimientos de esta señora.

Después de echar un vistazo a los libros antiguos de los estantes, me senté frente al escritorio de Dee y pasé ahí un buen rato. Cuando me sobraba el tiempo, me gustaba escuchar sus historias. Podíamos charlar sobre muchos temas dispersos, pero siempre me sentía abrumado por su conocimiento de la historia alaskeña.

De repente, me entró la curiosidad por averiguar algo que había estado rondando mi mente. Sin embargo, era posible que Dee no supiera sobre esto. Era una historia repleta de fantasía que había quedado atrapada en los hilos de mi memoria desde que un amigo me la contó hace tiempo, una historia que me transportaba a mi infancia, sobre barcos fantasmas.

Desde el siglo XVIII hasta el XIX, diversos barcos, incluidos los balleneros, navegaban desde el mar de Bering hasta el océano Ártico. Debieron ser incontables los barcos que naufragaron en el camino. Algunos posiblemente quedaron atrapados y destrozados por las heladas mareas. A medida que el invierno se acercaba, los témpanos de hielo crecían, y eventualmente el mar quedaba cubierto por una vasta extensión congelada. Se dice que un barco de aquella época, empujado sobre el hielo que chocaba entre sí, sigue navegando hoy en día, arrastrado por las interminables corrientes oceánicas del Ártico.

Ese barco fantasma pasaba frente a las costas donde había pueblos esquimales en el océano Ártico cada diez, o tal vez cada veinte años. Los aldeanos se reunían en la playa y despedían al misterioso barco. Los niños siempre recibían la misma advertencia de sus padres: «Nunca te acerques al barco».

Esta era una historia que un amigo había escuchado de un anciano esquimal. Pero, ¿realmente podría ser cierta? Entonces sentí la necesidad de preguntarle a Dee al respecto.

—Ah, ese barco se llama Baychimo —me respondió muy segura—. Creo que fue un ballenero del siglo XIX. Debe haber una foto de ese barco que apareció frente a la costa de Nome hace unos setenta u ochenta años en la colección antigua de la tienda. Déjame buscarla.

Dee se dirigió a la habitación del fondo de la tienda y pronto regresó con varios álbumes en sus brazos.

—Estas son fotos tomadas por un hombre blanco que vivía en el pueblo de Nome en aquella época. La mayoría son de la vida de los esquimales de entonces, pero recuerdo que había una foto del Baychimo, una foto pequeña del tamaño de un billete. Mostraba al barco fantasma cubierto de hielo en la distancia.

Con incredulidad, hojeaba las viejas páginas del álbum junto a ella. Independientemente de quién hubiera tomado esas fotos, un álbum de Alaska de hace setenta u ochenta años era valioso. Aún más si pertenecía a alguien que había vivido entre los esquimales. Dee también había reunido álbumes de personas que habían vivido en Alaska como parte de su colección personal.

Con entusiasmo, pasaba las páginas cuando de repente una foto llamó mi atención. Reconocí el rostro del hombre que posaba con su pareja junto a una avioneta.

—Es Lindbergh —aclaró Dee—. Esta foto fue tomada cuando él y su esposa volaron a Alaska después de hacerse mundialmente famoso por cruzar el Atlántico.

No tenía ni idea de que Lindbergh había visitado Alaska y aquí estaba esta valiosa fotografía en un álbum antiguo. Pero no lográbamos encontrar la foto del barco fantasma. Nos dividimos el trabajo y cada uno revisó diferentes álbumes.

—No es más que una foto de un barco en alta mar, así que es fácil pasarlo por alto si no se observa con atención. Pero estoy segura de que se veía un barco cubierto de hielo...

Cada vez que entraba un cliente a la tienda, teníamos que interrumpir nuestro trabajo. Revisamos los mismos álbumes varias veces y ya había pasado casi una hora. Dee trajo otro montón de álbumes desde la habitación del fondo, pero yo ya estaba un poco cansado y me recosté en el sofá. La librería Observatory tenía un sofá antiguo y cómodo en el centro, rodeado de estanterías, que le daba un ambiente cálido como el de la sala de estar de una casa. No era necesario comprar un libro; podías sentarte en ese sofá y leer. Dee prefería, de hecho, a esos clientes.

Tal vez el encanto de esta tienda radica en su atmósfera caótica: el sofá desgastado, las pilas de libros que se elevan por todas partes, el viejo perro tumbado en el suelo... Me invadió una somnolencia y me quedé meditando en el sofá sobre el Baychimo. Barcos fantasma, cubiertos de hielo, sin rastro de vida humana, navegando eternamente... y las corrientes marinas del Ártico que los arrastran... Con los ojos cerrados, podía ver esa imagen como en un sueño.

¿Era el Baychimo un barco ballenero naufragado del siglo XIX? Esto me hizo recordar otra historia de esa época. En 1839, un ballenero estadounidense que navegaba por el Pacífico Norte se encontró con un barco que iba a la deriva de forma extraña. Al acercarse, encontraron a siete hombres moribundos acurrucados en él. Era un velero que había quedado atrapado en una tormenta, arrastrado por la corriente de Kuroshio desde Japón durante el período Edo.

El Choja Maru zarpó de Toyama el 29 de abril de 1838, en el noveno año de la era Tenpō, cargado de arroz para Osaka. En aquel entonces, bajo la jurisdicción del shogunato[21] Tokugawa, los barcos transportaban diversos bienes a lo largo de la costa japonesa. En el Choja Maru trabajaban el capitán Heishiro (50 años) y otros nueve marineros: Hachizaemon (50), Hachizaemon (mismo nombre, 41), Zenjomon (11), Saburō (40), Rokusaburō (31), Jirokichi (26), Gosaburō (25), Shichizaemon (23) y Kinzō (18).

A finales de mayo, el Choja Maru llegó sano y salvo a Osaka. Luego, cargado con algodón y azúcar, se dirigió a Echigo, y a mediados de agosto llegó a Matsumae, en Ezo. Mientras pasaban un mes en Matsumae antes del próximo viaje, Hachizaemon, que estaba a cargo del timón, expresó su deseo de abandonar el barco. Dijo que tenía un mal presentimiento sobre el viaje desde el estrecho de Tsugaru hasta Edo. En su lugar, se puso al timón un hombre llamado Kinroku, acostumbrado a viajar por los peligrosos mares orientales.

A finales de septiembre, el barco cargado de grandes cantidades de kombu[22] en Hakodate se dirigió a Sendai. Mientras pasaban unas dos semanas en Tanohama para reparar el barco, un monje budista y una sacerdotisa sintoísta

---

21 Un *shogunato* era un gobierno militar feudal que gobernó Japón durante gran parte de su historia. El *shōgun* (将軍) era el líder real del país, mientras que el emperador ostentaba un papel simbólico. El shogunato fue derrocado en la Restauración Meiji de 1868, dando paso a un gobierno moderno y centralizado.

22 El kombu (昆布), también conocido como *kelp*, es un tipo de alga marina comestible originaria de las frías aguas del Pacífico Norte. Es un ingrediente fundamental en la cocina japonesa, especialmente en la elaboración de dashi, un caldo básico con un sabor umami intenso.

visitaron el Choja Maru para orar por un viaje seguro. Sin embargo, la sacerdotisa que vino después dijo algo extraño. Predijo que entre el 23 y el 24 de noviembre verían un paisaje en el que una calamidad caería sobre el barco. Los marineros, siendo budistas, no creyeron en la predicción y se burlaron de ella.

Tras llegar a Sendai, el Choja Maru volvió a quedar varado durante dos semanas debido al temporal. El 23 de noviembre, el clima se despejó y el barco zarpó a las ocho de la mañana. Alrededor de las diez, cuando estaban a punto de salir de la bahía, comenzó a soplar un viento rojo, y el barco fue arrastrado mar adentro por el fuerte viento. Se decía que el viento rojo era un viento de mal augurio que nunca devolvía los barcos a la costa; cuando sopla ese viento, la superficie del mar parece roja. Mientras los marineros luchaban por arreglar las velas, de repente, la cuerda que las sostenía se rompió y el Choja Maru, habiendo perdido el control, fue arrastrado lentamente hacia el mar abierto. Para el mediodía del 25 de noviembre, incluso la última tierra a la vista, Kinkasan, había desaparecido en el horizonte.

Los marineros del Choja Maru no tenían idea de a dónde los llevaría la corriente, pero sabían que nunca podrían regresar a casa. Lo único que podían hacer, habiendo perdido toda esperanza, era mantenerse a flote y esperar ser llevados a algún lugar. No sabían si existía una tierra extranjera en el otro extremo del mar, ni cuánto tiempo más podrían sobrevivir. Solo podían resignarse a la corriente y al destino.

En diciembre, la temperatura comenzó a bajar y empezó a nevar. Las provisiones de arroz y agua se estaban agotando. Los marineros, demacrados y reducidos a piel y huesos, continuaban su deriva desconocida, rezando a Buda todos los días.

Gosaburō y Zenjomon murieron uno detrás del otro y Kinroku, el barquero experimentado, se arrojó al mar. Los siete supervivientes, alimentándose de kombu y agua de lluvia, solo esperaban la muerte.

Una mañana de abril de 1839, algo parecido a una montaña se elevó sobre el horizonte. Aunque ya no podían moverse, todos observaban el enorme barco que se acercaba. Más que el miedo a un barco extranjero desconocido, lo que sentían era una sed desesperada. Pensaban que si iban a ser asesinados, al menos querían morir después de saciar su sed.

Para los ojos japoneses, los tripulantes de la embarcación extranjera vestían las más extrañas vestiduras. Rodearon varias veces al Choja Maru y después de un rato, arrojaron un pequeño bote. Los marineros, que ni siquiera podían levantarse, tuvieron que hacer frente a este abordaje. El periodo Edo y el mundo exterior se encontraron sin poder intercambiar palabras.

El gran barco era el James Roper, un ballenero estadounidense. Los siete japoneses se pusieron sus mejores kimonos, que habían guardado hasta entonces, y con la ayuda de los extranjeros, se trasladaron al barco principal. La deriva de cuatro meses había terminado.

Los marineros, que habían salido de un Japón aislado, viajaron por el mundo en barcos extranjeros, pasando por Hawái, Kamchatka y finalmente Sitka en Alaska. Sitka era entonces la capital de Alaska, que era territorio ruso.

Finalmente, por orden del zar, se decidió que los siete náufragos fueran devueltos a Japón en un barco ruso, que zarpó de Sitka hacia Etorofu[23] en marzo de 1843. Tras un

23 Actualmente, Iturup, administrada como territorio ruso, es la isla más grande del archipiélago de las Kuriles, al extremo norte de Japón. Se reclama su soberanía como tierra japonesa perteneciente a la prefectura de Hokkaido.

viaje de dos meses, regresaron a Japón después de cuatro años.

Sin embargo, bajo el shogunato Tokugawa de la época, los que regresaban después de haber pisado tierra extranjera eran considerados criminales. Fueron encarcelados en Edo[24] y sometidos a extensos interrogatorios durante muchos años. En un Japón que llevaba mucho tiempo cerrado al mundo exterior, las cosas que habían visto los náufragos estimularon enormemente la curiosidad de los eruditos interrogadores del shogunato. No fue hasta tres años después que pudieron regresar a su tierra natal.

Y entre los relatos de sus experiencias, lo más destacable es la presencia del joven Jirokichi. Su sensibilidad natural no solo le permitía absorber todas las experiencias y recordarlas en detalle, sino que también tenía el talento de plasmarlas en dibujos. Los paisajes de Sitka y las figuras de los indígenas que él dibujó permiten imaginar vívidamente el Alaska de esa época.

Sin embargo, lo que más me atrae de la historia del naufragio del Choja Maru no es Jirokichi ni tampoco sus relatos. Es la corriente negra, la Kuroshio, que arrastró el barco desde Japón hasta el norte del Pacífico.

Desde tiempos inmemoriales, esa corriente del norte del Pacífico ha girado continuamente como si buscara una salida. Subiendo al este de Japón, parte de esta corriente se desvía hacia el mar de Bering, pero la corriente principal sigue como la Kuroshio a lo largo de la costa sur de Alaska, descendiendo en un arco hacia la Columbia Británica. Luego, la corriente que se dirige hacia el este, hacia Hawái, gradualmente pierde su dirección, pero la corriente principal

24 Nombre que tenía anteriormente la ciudad de Tokio hasta la restauración Meiji en 1868.

sigue descendiendo hacia la línea del ecuador, hacia Guam y Taiwán, y finalmente vuelve a subir, pasando nuevamente por el este de Japón.

¿Cuántos barcos han desaparecido, llevados por esta poderosa corriente de Kuroshio desde tiempos históricos? La mayoría probablemente se desintegró en las profundidades del mar, pero algunos, afortunadamente, sobrevivieron y fueron llevados a las costas de Kamchatka, las Aleutianas y el sur de Alaska. Sin embargo, es probable que muchos de estos supervivientes también hayan sido asesinados por los habitantes nativos.

Antes del naufragio del Choja Maru en 1839, hay registros oficiales de algunos barcos japoneses que llegaron a Alaska tras ser arrastrados por la corriente marina:

- 1782: Aleutianas
- 1805: Sitka
- 1813: En el mar, latitud norte 49 grados, longitud oeste 131 grados
- 1815: En el mar, latitud norte 33 grados, longitud oeste 166 grados
- 1820: Point Adams
- 1833: Cabo Flattery
- 1862: Isla Attu
- 1871: Adak

Entre los náufragos, debe haber habido personas afortunadas que llegaron a la costa de Alaska y sobrevivieron sin ser asesinadas por los nativos. Sin poder volver a su tierra natal, seguramente aceptaron su destino y vivieron con la gente de esas tierras desconocidas. Si ese fue el caso, ¿habrán infundido nueva sangre en la cultura existente? ¿Y hasta cuándo se remonta la historia de los náufragos? Recuerdo unas palabras inolvidables que una vez mencionó un amigo de la tribu tlingit:

—Puede que tengamos sangre japonesa en nuestras venas. Existe una leyenda oral que nos hace imaginar algo así.

Desde el sureste de Alaska hasta la Columbia Británica, quizás no hubo nunca indígenas tan bendecidos por la naturaleza como los tlingit y los haida, los indígenas marítimos que una vez construyeron la cultura de los tótems... Tal vez nunca en su historia conocieron la hambruna.

Al salir al mar, encontraban salmón, fletán, arenque, y mamíferos como focas y leones marinos. Al adentrarse en los bosques, cazaban ciervos y recolectaban diversas frutas silvestres. La corriente cálida les aseguraba un clima marítimo templado durante todo el año.

Sin embargo, se dice que los orígenes de estos indígenas marítimos se encuentran en el interior, que en algún momento, en busca de recursos naturales más abundantes, atravesaron los valles de las escarpadas montañas costeras y descendieron por los ríos hasta llegar a la costa actual.

Esta gente pudo crear una cultura con un alto grado de arte, como los tótems, pinturas y tejidos, probablemente porque vivían en la opulencia y no tenían que preocuparse por morir de hambre. En otras palabras, podían permitirse vivir. Pero, ¿era esta realmente la única razón? Vivían en un mundo aislado del exterior por vastos glaciares y profundos bosques, y estaban aislados del resto del mundo, ¿no habrían tenido visitantes del mar, con una cultura completamente diferente? En particular, ¿de dónde provienen las estrictas normas que no se ven en las sociedades de otros indígenas de Alaska, como los esquimales o los atabascanos?

Hay una antigua historia que cuenta una tribu tlingit. Hace mucho tiempo, gente arrastrada por el mar llegó a la isla de Dall, que flota al suroeste de la isla del Príncipe de Gales. Esa gente era llamada «wish-shan-ade» (que al parecer significa algo muy antiguo), y se dice que son los antepasados lejanos del clan Takweidi.

Un clan es algo así como una línea familiar. Los indígenas marítimos con la cultura de los tótems creían que sus ancestros eran encarnaciones de varios animales, y la compleja sociedad de clases se formaba según los animales de su linaje. Entre ellos, el Lobo y el Cuervo ocupaban una posición central, y se dice que el clan Takweidi es la línea familiar más antigua e importante del grupo de lobos de los tlingit. Muchos ancianos creían que los extranjeros que llegaron del mar, antepasados del clan Takweidi, fueron los primeros en habitar esta costa. Es decir, decían que estos extranjeros llegaron antes que los indígenas originales que se trasladaron del interior en busca de recursos marinos. Posteriormente, estas personas se unieron y se dividieron en los tlingit y los haida.

Si esto fuera real, ¿quiénes son esos extranjeros entonces?, ¿de qué época estamos hablando?

Según la tradición oral tlingit, de la que surge esta historia, los extranjeros arrastrados por el mar eran dos grupos liderados por dos hermanas. El grupo liderado por la hermana menor se desplazó hacia el sur hasta las Islas de la Reina Carlota,[25] y sus descendientes se convirtieron en la tribu haida. El grupo liderado por la hermana mayor se quedó allí, se unió con los indígenas que habían llegado desde el interior cruzando las montañas, y sus descendientes se convirtieron en la tribu tlingit. Los descendientes directos de la hermana mayor son el linaje Takweidi. Se dice que

25 Actualmente, Haida Gwaii, que significa «Islas de los Pueblos» en lengua haida, es el nombre moderno para un archipiélago de más de 150 islas ubicado frente a la costa de la Columbia Británica, Canadá. Antiguamente se les conocía como Islas de la Reina Carlota (Queen Charlotte Islands).

cuando los dos grupos, divididos por las hermanas, se encontraban en festivales y funerales, los haida, descendientes de la hermana menor, siempre cedían el lugar de mayor honor a los tlingit, descendientes de la hermana mayor.

Esta leyenda da algo de posibilidad a la idea de que los indígenas marítimos tengan sangre asiática, y sugiere tenuemente la razón por la cual lograron desarrollar una cultura tan avanzada en tan poco tiempo. ¿Esa sangre asiática podría ser japonesa? Mucho antes de la era Edo, ¿acaso no habría un Choja Maru que, en un día lejano, fuera arrastrado por la corriente oceánica de Kuroshio? Más de una vez, esta corriente podría haber llevado a tantos Choja Maru como hubiera querido hasta nuevos mundos desconocidos.

De repente, me di cuenta de que estaba recostado en el sofá de la librería Observatory. Había estado dormitando por casi una hora.

—Es extraño. Estoy segura de que está en alguno de estos álbumes. Es una foto muy antigua, con el barco cubierto de hielo y la inscripción «Baychimo» en el reverso —dijo de pronto Dee, que había movido la pila de álbumes a su escritorio y seguía buscando la foto del barco fantasma Baychimo.

—Oh, no te preocupes. Avísame cuando la encuentres, seguro que vendré a verla...

Saqué un libro del estante sobre el mito del Cuervo, algo que siempre me había interesado.

—Bueno, tú eres fotógrafo, así que como periodista, te haré un 10 % de descuento.

Al salir, comenzó a llover ligeramente. Mientras bajaba por Franklin Hill, pensaba distraídamente en el barco fantasma, cuando de repente algo que nunca había notado antes comenzó a brillar en mi mente. Era una historia que había oído muchas veces a la gente que vive en la costa alaskeña sobre exploraciones en la playa.

Dicen que al final del día, al atardecer, les gusta pasear por la costa y encontrar objetos varados en la orilla. No buscan solo chatarra, sino objetos misteriosos arrastrados desde tierras lejanas. Dicen que la búsqueda en la playa después de una tormenta es especialmente interesante. Y sorprendentemente, la mayoría de los objetos flotantes son de Japón. Entre ellos, los antiguos flotadores de vidrio usados por los pescadores japoneses son los más preciados.[26] Cuántas personas me han mostrado con orgullo esos flotadores de vidrio y yo me limitaba a mirarlos sin interesarme especialmente, aunque en ellos pudiera esconderse una gran historia...

La lluvia empezó a caer a torrentes. La niebla se movía entre los árboles del profundo bosque como un ser vivo. Quizás la nieve estaba cayendo sobre el glaciar en la cima de la montaña. En medio de la lluvia que me empapaba, sentí la presencia cálida de la corriente marina que fluía incesantemente desde tierras lejanas.

---

26 Los flotadores de vidrio de pesca japoneses son pequeñas esferas de cristal utilizados durante siglos para mantener a flote las redes de pesca. Hoy en día, son apreciados como piezas de colección tradicionales y decoración por su belleza y valor histórico.

TERCERA PARTE

NOCHE BLANCA

—Don, vamos. No podemos dejar pasar una noche tan agradable.

—Vale, creo que no vale la pena seguir dándole vueltas —asintió mi amigo Don Ross, piloto de *bush flying*,[27] con una expresión de resignación; como siempre, aceptaba las peores situaciones con una sonrisa.

Estábamos en la parte alta del río Kongakut, en la cordillera de Brooks, dentro del círculo polar. Si recorres todo el curso de este río, acabarás en el océano Ártico.

Junto a nuestra tienda de campaña, montada en la orilla, estaba estacionada la preciada avioneta de Don, una Cessna 175. Era una imagen idílica de un campamento base estival... salvo por la hélice de la avioneta que estaba estropeada.

Fracasamos en el despegue debido al peso de la parte delantera; al empezar a moverse, la nariz del avión quedaba clavada en la tundra. Volar en la inmensa naturaleza de Alaska, sin pistas de aterrizaje, siempre conlleva estos riesgos al despegar y aterrizar. Lo que parece una tundra plana desde el aire, en realidad es un terreno accidentado cuando

27 El *bush flying*, también conocido como aviación salvaje, es un tipo de aviación que se realiza en áreas remotas y no preparadas para el despegue o aterrizaje de aeronaves.

nos acercamos, y aterrizar siempre exige una máxima concentración hasta que la avioneta se detiene por completo. Un simple hoyo o una piedra puede llevar a un resultado fatal. Todo sucede en un abrir y cerrar de ojos.

Don sostenía un martillo y, de vez en cuando, me miraba mientras golpeaba la hélice ligeramente, como para consolarse. El avión ya no podía volar. Estábamos en medio de las montañas más septentrionales de Alaska. La aldea indígena atabascana más próxima estaba a unos 100 kilómetros, cruzando la cordillera de Brooks. Habíamos logrado transmitir un SOS, pero nos informaron que una nueva hélice desde Fairbanks tardaría al menos una semana en llegar.

Me preguntaba si habría algún daño en el motor. ¿Cuánto costaría?

A pesar de nuestra situación, la densa niebla que había durado varios días se despejó, revelando una noche maravillosa. Dudábamos entre meternos en nuestros sacos de dormir o aprovechar la noche para escalar la montaña. Era verano, el sol, en su ángulo oblicuo, no se pondría.

Decidimos hacer unas mochilas ligeras de provisiones y café, dejando atrás todas nuestras preocupaciones en el campamento base, y comenzamos a escalar la montaña en la noche blanca.

Nuestra misión en la cordillera de Brooks oriental era buscar la gran manada migratoria de caribúes del Ártico. Documentar su viaje era uno de mis grandes objetivos en Alaska. Quería presenciar la verdadera esencia de la vida salvaje, la naturaleza primitiva. Los búfalos que una vez llenaron las llanuras americanas ya no estaban. Paisajes primitivos, donde la humanidad solo podía quedarse de pie observando, eran ahora solo leyendas. No era de sorprenderse. Estábamos a punto de entrar en el siglo XXI, una era que parecía sacada de una película de ciencia ficción. Pero, increíblemente, en el remoto extremo norte, aún quedaba uno de esos escenarios: la gran migración del caribú, vagando por la tundra del Ártico, envuelta en un velo blanco.

Seguía el viaje de los caribúes como viajando por un túnel del tiempo. Durante estos diez años, Don siempre ha sido mi mejor compañero. No solo porque es un piloto de confianza, sino también porque compartía mi admiración por la naturaleza alaskeña.

Su pasado como un destacado piloto de la Fuerza Aérea de los Estados Unidos es difícil de imaginar cuando lo veo ahora, viviendo como bohemio. No sé mucho sobre por qué dejó esa posición para convertirse en piloto salvaje de Alaska. Actualmente, en invierno, realiza vuelos para llevar suministros a campamentos de refugiados en África, un sueño que tenía desde hace tiempo.

Me agradaba Don. Había en él cierta bondad, una característica de aquellos que han dejado atrás su vida. Juntos, habíamos presenciado innumerables paisajes.

Hace unos cinco años, mientras volábamos a lo largo de la costa del Ártico, encontramos una inmensa manada de caribúes que cubría toda la tundra. Observábamos asombrados desde arriba, viendo a cientos de miles de ellos viajar a través de un terreno inalterado por la mano del hombre. La voz de Don llegaba a mis auriculares a través del micrófono: «lo que estamos viendo ahora es un mundo que no ha cambiado en mil, ni siquiera en diez mil años».

Otro día, conteníamos la respiración al observar a un lobo que perseguía una manada de caribúes en la tundra bajo el sol de medianoche. Era otra escena intemporal. Siempre nos conmovió la presencia de la naturaleza existiendo por sí misma, sin la intervención humana.

Después de caminar un rato, tuvimos que cruzar el río Kongakut en algún punto. Don, probablemente pensando en la hélice, permanecía en silencio. Vadear un río en estas latitudes siempre es peligroso. Aunque no sea profundo, el agua helada es aterradora. Una vez que empiezas, no puedes detenerte ni regresar. El dolor punzante te hace perder el equilibrio en la rápida corriente.

Cuando cruzamos finalmente y empezamos a escalar las laderas de la tundra montañosa, pequeños campos de flores se hacían visibles por todas partes. El llamado gutural de una perdiz nival resonaba desde algún sitio. El sol de la noche blanca, que no se veía desde el valle, se fue haciendo visible a medida que ganábamos altura y nos bañaba con su suave luz.

Decidimos sentarnos en el jardín de flores y tomar un descanso. Don se tumbó y cerró los ojos, quizá cansado de volar todo el día. Una ligera brisa agitaba las pequeñas flores septentrionales y un chorlito,[28] que había terminado de anidar, se paseaba entre ellas. Apenas estábamos en julio, pero quizás ya se estaba preparando para regresar al sur.

—Oye, Michio, ¿cómo será este lugar dentro de cien años? —dijo Don de repente, como si insinuara algo. En ese momento, me di cuenta de que él también sentía la naturaleza de Alaska de la misma forma que yo.

A medida que ascendíamos, el paisaje se abría en un circo glaciar y dejaba ver un campo de algodoncillos. Las blancas pelusas brillaban como oro a la luz de la noche clara, como innumerables joyas. Mientras observábamos atónitos el entorno, unos puntos que parecían caribúes aparecieron en la ladera de una montaña lejana. Los puntos en la línea

28 Los chorros o chorlitos son especies de ave del género *Pluvialis* que se reproducen en tundras del hemisferio norte. Dependiendo de la especie, emigran a distintas regiones del sur en otoño. En el texto en japonés, Hoshino hace referencia a un *munaguro* (ムナグロ), el chorlito dorado asiático o siberiano (*Pluvialis fulva*).

de cresta se convirtieron gradualmente en líneas gruesas, y luego en una mancha negra que llenaba la ladera de la montaña y se dirigía directamente hacia nosotros.

Corriendo apresuradamente, nos lanzamos a la pradera algodonada y nos agachamos. Jadeando, me quité la mochila del hombro y me dejé caer sobre la hierba estival. El aire olía a tierra fragante de la estepa en verano. El cielo azul profundo del día polar se extendía infinitamente. Con la mente en blanco, sentí que si me quedaba quieto, el rebaño de caribúes pasaría silenciosamente sobre nosotros.

El fallo en el despegue podría significar una gran carga económica para Don, un lobo solitario. Sin embargo, si hubiéramos volado con éxito, no estaríamos aquí ahora.

—Es un regalo —dijo Don.

El entorno empezó a agitarse poco a poco. Pronto nos vimos rodeados por miles de caribúes en un mar de algodoncillo dorado.

PRIMAVERA TEMPRANA

La suave brisa de abril va relajando lentamente la tensa atmósfera del invierno junto al semblante de los que hemos soportado la temporada. ¿Por qué el calor del sol y los indicios de la primavera pueden hacer que nos sintamos felices, aunque sea por un instante?

Aflojé un poco la mochila porque se clavaba en mis hombros y sentí la brisa agradable de la primavera temprana en mi espalda sudorosa. Me quité las gafas de sol y tomé un respiro mientras miraba a mi alrededor. El reflejo en la superficie de la nieve era cegador.

—John, este año hay mucha nieve, ¿no crees?

—Efectivamente —me respondió—. Espero que lo encontremos antes de que anochezca.

John se detuvo, pisando firme con sus raquetas de nieve (de las tradicionales de Alaska), y encendió el interruptor de un dispositivo que llevaba colgado del cuello. Levantó la antena lo más alto que pudo... *Bip*, *bip*, *bip*... La intensidad del sonido cambiaba cada vez que giraba la antena. Parece que no hay duda de que estaba en este valle.

Nos encontrábamos en las montañas a las afueras de Fairbanks, mi residencia habitual. Aunque la nieve profunda atrapaba nuestros pies, sin las raquetas nos habríamos hundido hasta el pecho. Guiados por la señal de la antena, deambulábamos de bosque en bosque entre abetos y abedules.

Éramos un grupo de cinco miembros de la Facultad de Ciencias de la Naturaleza de la Universidad de Alaska, liderados por John. En verano, habíamos capturado un oso negro y le habíamos colocado un transmisor en el cuello para investigar su área de distribución. Sin embargo, como las baterías se agotan durante el invierno, teníamos que reemplazar el transmisor antes de que se perdiera. En otras palabras, buscábamos la guarida de un oso que hibernaba en las montañas, en pleno inicio de la primavera.

Hace tres días, habíamos volado en una avioneta con antenas sobre las montañas de Fairbanks y ya teníamos ubicada el área, aproximadamente. Sin embargo, en el vasto valle montañoso, no sabríamos si podríamos encontrar el punto exacto desde el suelo hasta el final. Además, la mayor nevada en décadas hacía nuestra tarea aún más difícil.

En esta época del año, los osos no hibernan en el verdadero sentido de la palabra. No están en un estado de animación suspendida —como las ardillas árticas, que reducen su metabolismo y entran en un estado casi de muerte—. Los osos solo duermen superficialmente. Si hay peligro, se despiertan rápidamente; de hecho, las osas preñadas dan a luz en sus guaridas de invierno. Aunque consumen la grasa que han almacenado, uno se pregunta qué mecanismo les permite sobrevivir durante medio año sin comer nada.

Viajando por la naturaleza de Alaska, siempre tienes presente la existencia de los osos, incluso si no los ves. En el mundo actual, ¡qué lujo es ese! La presencia de osos evoca una sensación de tensión biológica que los humanos hemos olvidado. Si los osos desaparecieran de esta tierra y pudiéramos dormir sin miedo durante las noches de campamento,

¡qué naturaleza tan aburrida sería! En abril en Alaska, aunque no se vean, es la época en la que empiezas a sentir la presencia de los osos ocultos en la nieve.

A pesar de que era principio de primavera, las horas de luz aún eran cortas y el anochecer se acercaba. Ya habíamos caminado durante casi seis horas desde la mañana. Empezábamos a impacientarnos.

Alrededor de las cuatro de la tarde, la señal del transmisor comenzó a sonar con una intensidad que no habíamos escuchado antes.

—¡Eh! Nos estamos acercando —comenzamos todos a hablar en voz baja.

Parece que está debajo de la nieve, dentro de un radio de diez metros. Colocamos nuestras mochilas contra el tronco de un abedul y, al dar un paso después de quitarnos las raquetas, nos hundimos hasta la cintura en un instante. La nieve primaveral nos empapaba los cuerpos.

En años normales, si fijabas la vista en la superficie, podías encontrar un pequeño agujero que usan para respirar, pero este año la nieve era demasiado profunda. Todos estábamos tensos, buscando señales alrededor. Podríamos estar de pie directamente sobre un oso dormido sin saberlo.

El tiempo se acababa. Comenzamos a cavar la nieve con palas. A pesar de estar tan cerca, no podíamos encontrar el punto exacto. Y después de lo que parecieron horas, de repente se abrió un pequeño agujero en la nieve, a unos dos metros junto al tronco de un abeto. Las voces se hicieron aún más bajas.

—¡Steve! Mira tú.

Pobre Steve, siempre le tocaba esta tarea. Conteniendo la respiración, lo observábamos desde arriba. Encendió la linterna y, al meter la cara en el agujero, se echó bruscamente hacia atrás.

—¿Qué pasó?

Al parecer, se había encontrado frente a frente con el animal dormido. Y, por si fuera poco, el oso le había resoplado en toda la cara.

Inmediatamente, se empezó a trabajar. Se conectó un dardo con anestesia al extremo de una vara y John descendió por el agujero. El oso parecía haberse movido a lo más profundo de su guarida. Rápidamente introdujo la vara en el agujero, insertó el dardo y cubrió la entrada con un saco de dormir. Aunque fuera una medida de consuelo, sería para evitar que el oso enfurecido saliera disparado. ¡Qué método tan primitivo!

Pasaron cinco minutos.

—¡Michio! Ahora mira tú adentro.

Con temor, asomé solo la cabeza y alumbré el interior con la linterna. El suelo de la guarida estaba cuidadosamente cubierto de ramitas, y al fondo había un bulto negro encorvado como una roca. ¿Cómo puede pasar seis meses en un espacio tan pequeño, esperando la llegada de la primavera?

Después, Steve se metió de cabeza en el agujero, intentando mover al oso hacia la entrada, pero quedó atrapado entre las raíces de los árboles, pataleando en el aire desesperadamente. Todos nosotros estallamos en carcajadas, pero Steve permanecía serio. Ante él, probablemente, estaba el rostro de un oso anestesiado. Finalmente, tiramos de sus piernas y logramos sacar a Steve, cubierto de nieve.

Este oso tenía tres años. Probablemente su primer invierno solo separado de su madre. Logramos subirlo hasta la nieve, respiraba suavemente. Nos quedaban aproximadamente treinta minutos. El trabajo de reemplazar el transmisor avanzaba rápidamente.

Me senté junto al oso y acaricié su áspero pelaje, palpando cada hebra. La falta de suciedad, como si el oso hubiera sido acicalado, emanaba el olor de algo que vive en libertad, al contrario de lo que imaginamos los humanos.

Puse la palma de mi mano cerca de su boca y sentí un leve aliento cálido. Introduje suavemente mi dedo índice en su hocico. La yema de mi dedo se vio envuelta por el calor corporal del oso. Al hundir mi cara en su barriga, el aroma tostado y la calidez de su piel se extendieron por mi rostro. Respiré profundamente intentando capturar en mi memoria el lejano olor de lo salvaje.

John extrajo una pequeña muestra de sangre para investigación, y entre los seis levantamos al oso para pesar su cuerpo. Ya se nos estaba acabando el tiempo. La respiración del oso se volvió más pesada y comenzaba a despertar del efecto de la anestesia.

Volver a meter al oso en su guarida fue un trabajo arduo. Teníamos que devolverlo a su lugar de hibernación como si nada hubiera pasado. Todos sostuvimos su enorme cuerpo de 300 kilos y lo acostamos en su posición original, cubriendo la entrada del agujero con ramas secas y cuidadosamente cubriéndolo con nieve. Rellenamos el agujero de dos metros que habíamos cavado, dejándolo como estaba.

Miré fijamente a la lejana línea del horizonte. Había una casa solitaria, como un punto aislado. Alguien vivía allí. Quería decirles que, justo debajo de un abeto visible desde su ventana, un oso estaba hibernando. Que muy pronto, ese oso sentiría los primeros signos de la primavera y emergería lentamente de debajo de la nieve...

Al anochecer, mientras descendíamos la montaña, miré una vez más hacia donde estaba la guarida. Se veía como cualquier otro lugar, un paisaje de árboles y nieve. El oso de tres años, esperando pacientemente la primavera, quedó grabado en mi memoria. Había en él una presencia de vida más fuerte que si lo viera vagando por los campos en verano. Mientras seguíamos el camino nevado, me sentía invadido por una felicidad tan grande que quería gritar.

La primavera se acercaba poco a poco a Alaska.

GLACIAR RUTH

La noche y el silencio helado del glaciar.

En los alrededores, una pared de hielo que se derrumbaba y el sonido de una avalancha. El estruendo, como el de las olas, eventualmente se calmó y el sonido de varias rocas rebotando contra la pared mineral se desvanecía en la oscuridad.

Sobre mí, innumerables estrellas titilaban. La abrumadora y silenciosa inmensidad del universo. «Betelgeuse está en la parte superior izquierda, Rigel en la parte inferior derecha. Extiende la pala de la Osa Mayor cinco veces y ahí está la estrella polar»... es lo que aprendí de memoria en mi infancia sobre el mundo de las estrellas. Sin embargo, dentro de diez mil años, la posición actual de la estrella polar será reemplazada por otra estrella. Todas las formas de vida están en un viaje interminable, y ni siquiera las estrellas permanecen en el mismo lugar.

Esos brillos que vemos en el cielo, que parecen tan cercanos que los podemos alcanzar, son en realidad la luz de hace miles o millones de años que apenas ha llegado hasta nosotros. Si cada estrella emite su propia luz a años luz, mirar al cielo nocturno y contemplar las estrellas es como contemplar la vasta historia del universo en un instante. De cualquier forma, aunque lo entendamos intelectualmente, realmente no podemos comprender su significado, y solo podemos postrarnos ante algo tan grandioso.

En el cielo del norte, que había estado observando fijamente, apareció de repente un rayo de luz pálida, el cual comenzaba a oscilar suavemente. Esperé, como si fuera un momento de oración, y llamé a los niños que estaban en el refugio de montaña.

Estábamos en la cabecera del glaciar Ruth, en la cara sur de la cordillera de Alaska. El monte Denali, que poco antes estaba bañado por el resplandor del sol, ahora era solo una silueta negra, sumergida en la cadena de altas montañas que la rodeaban. Un grandioso anfiteatro natural de nieve, hielo y roca... La luz de la luna iluminaba el hielo que colgaba de las paredes rocosas en un tono azul y el cielo estrellado parecía tan cerca que casi podrías lanzarte hacia él desde allí.

Cada marzo, visitaba el glaciar Ruth para fotografiar la aurora boreal. Es un espacio misterioso donde se puede dialogar con el universo. Siempre recordaré las noches sobre el glaciar, rodeado por montañas de 4000 a 6000 metros de altura, con llamas frías danzando en el cielo oscuro como si fueran seres vivos. Una experiencia como ver un drama cósmico en un majestuoso anfiteatro de la naturaleza, siendo el único espectador. Quería compartir ese momento con más personas. Si hubiera podido ver tal paisaje en mi infancia, cuando mi sensibilidad era más aguda, habría dejado una huella indeleble en mi memoria. Incluso si la aurora boreal no apareciera, podría mostrarles la lluvia de estrellas en este espacio abrumador, pasando la noche en el glaciar.

En aquel lugar, hay una pequeña cabaña deshabitada en medio de la montaña. Se trata de un refugio que construyó sobre la roca del glaciar el legendario piloto salvaje de Alaska Don Sheldon, ahora fallecido, quien amaba el paisaje del Ruth. Entre innumerables grietas profundas y avalanchas, en este glaciar lleno de peligros, la única zona segura es la pequeña área alrededor de esta cabaña de piedra. Acampando en la nieve con tiendas de campaña, si algo sucedía, podíamos refugiarnos allí. Consulté con la viuda de Don Sheldon y le pedí que nos permitiera usar la cabaña todos los años para llevar a niños japoneses al glaciar Ruth.

Así, la última primavera, junto con amigos de mi época de estudiante, llevé a once niños, de primaria y secundaria, al glaciar Ruth. Volamos en un pequeño avión Cessna, aterrizando en la profunda nieve después de recorrer un glaciar flanqueado por imponentes paredes de roca y hielo. Aunque al principio estaban nerviosos al verse arrojados a un inmenso glaciar, poco a poco se fueron integrando al paisaje.

—Es una niña difícil de manejar, así que cuídala bien —me dijo un amigo carpintero sobre su hija Iko, estudiante de secundaria, a quien yo veía luchar por primera vez con unos esquís de travesía, repleta de nieve. Según su padre, estaba pasando por una interminable fase de rebeldía.

K, un auténtico líder nato, ya estaba organizando a otros niños que acababa de conocer y había comenzado un torneo de sumo en el glaciar, haciendo un gran alboroto. Me preocupaba un poco si se darían cuenta de lo impresionante que era el paisaje en el que se encontraban, pero bueno, eso también estaba bien.

Apartado de los niños que correteaban, estaba D, un estudiante de secundaria que parecía muy inteligente. Asistía a una escuela muy exigente y daba la impresión de haber superado una dura competencia académica. Me preguntaba si realmente estaría disfrutando de este viaje.

La vida en el campamento de invierno comienza derritiendo nieve para obtener agua. Agua potable, para cocinar, lavar los platos, etc. Teníamos que usar esa escasa y preciosa agua con habilidad. «Eh... mi plato está un poco sucio», decía alguno al principio, pero pronto dejaron de preocuparse por eso y devoraban el curry con arroz.

Aunque estábamos en tiendas de campaña, al interior de estas no había mucha diferencia de temperatura con el exterior. A la mañana siguiente, después de dormir a -20 °C, seguramente apreciaron el calor del fuego en la estufa de leña de la cabaña. Los niños, que venían de la ciudad como envueltos en papel celofán, poco a poco volvían a la naturaleza... En este mundo donde no hay nada, comer, dormir y mantenerse lo más cálidos posible era lo más importante. Incluso, aunque fuera solamente una semana, detenerse en cosas realmente simples seguramente fue una buena experiencia.

Por fin, el cielo se despejó.

—Quizá veamos la aurora boreal esta noche —les comenté.

—¿Eh? ¿Cómo sabes eso? —preguntaron los niños, completamente bronceados por el sol.

—Bueno, es que, de algún modo, puedo oler la aurora —respondí con una explicación bastante vaga e incomprensible, mientras esperaba la noche con la esperanza de que ocurriera. Mañana vendría el Cessna a recogernos y tendríamos que descender la montaña.

La aurora comenzó a danzar lentamente en el cielo sobre el glaciar, cambiando de forma poco a poco, así que avisé a los niños. De inmediato, salieron corriendo de la cabaña para mirar el cielo nocturno y gritar de emoción. Algunos intentaban tomar fotos, otros se tumbaban en la nieve... La estudiante de secundaria Iko, sin saber qué hacer, caminaba de un lado a otro en la nieve mientras miraba al cielo.

—Es la aurora boreal, de verdad la estamos viendo —decía uno emocionado—. Antes de venir aquí, pensaba qué haríamos durante una semana en un lugar sin televisión ni nada, pero una vez aquí, dejé de pensar así...

Apartado de todo el escándalo, el estudiante de secundaria D se sentó solo en la nieve, observando fijamente la luz del cielo. De alguna manera, me sentí aliviado y esa imagen se quedó grabada en mi mente. La aurora se expandía gradualmente por todo el firmamento, y varias estrellas fugaces atravesaban su resplandor.

En cuanto al líder nato K, no estaba claro si había visto la aurora o no, ya que seguía atizando la estufa en la cabaña. Pero los recuerdos de un niño son insondables. No importa si no lo aprecia ahora. Cuando regrese a Japón, a su vida cotidiana ajetreada, podrá olvidar todo sobre el glaciar Ruth. Pero en cinco o diez años, me gustaría saber si sigue igual... Un único evento necesita tiempo para madurar dentro de una persona y formar algo significativo.

En cualquier caso, el glaciar Ruth es un mundo inerte de rocas, hielo, nieve y estrellas. Para los niños japoneses que viven en un mar de información, este es un mundo completamente opuesto. Sin embargo, en lugar de no tener nada, aquí hay una silenciosa presencia del universo. La quietud de la noche en el glaciar, el frío del viento, el brillo de las estrellas... La falta de información esconde un gran poder. Ese poder es darle a una persona la oportunidad de imaginar.

A veces, los paisajes que uno ve de niño permanecen en el corazón. Algún día, cuando sean adultos y se enfrenten a las encrucijadas de la vida, quizás no sean las palabras de las personas, sino esos paisajes los que les animen y les den coraje.

El día que descendimos la montaña, bajo la luz de una temprana primavera, el lejano Denali brillaba blanco en el horizonte.

UN TIEMPO DIFERENTE

El otro día tuve una conversación memorable con un amigo mientras acampábamos en un glaciar. Había un cielo nocturno tan claro que casi llovían estrellas. Estábamos allí esperando la aurora, y aunque no daba señales de aparecer, permanecimos sentados en la nieve, contemplando el cosmos. Un sorprendente número de luces titilaba en el espacio sin luna, y alguna que otra estrella fugaz dibujaba una estela a su paso.

—¿No sería maravilloso poder ver todas estas estrellas cada noche en una ciudad enorme como Tokio? Levantarías la vista de camino a casa después de un duro día de trabajo y encontrarías el universo justo ahí, casi al alcance de la mano. Sin importar qué tipo de persona seas, al final del día, habría algo pasando por tu cabeza.

—Una vez alguien me preguntó eso mismo. Imagina que estás solo mirando un cielo lleno de estrellas como este, o una puesta de sol que casi te haría llorar. Si tuvieras a alguien a quien quisieras mucho, ¿cómo le transmitirías esa belleza y lo que sientes en ese momento?

—Supongo que haría una foto. O, si se me diera bien pintar, lo plasmaría en un lienzo. O quizás no, más bien, se lo expresaría con mis propias palabras.

—Pues esta persona me dijo que ella lo demostraría por medio del cambio... es decir, reflejar cómo esa poderosa sensación que tuviste al contemplar la puesta de sol suscitó un cambio en ti.

A lo largo de las sucesivas etapas de nuestra vida, la naturaleza nos envía una gran cantidad de mensajes. Tanto si eres un niño recién llegado a este mundo como un anciano a punto de partir, la historia que nos cuenta a cada uno es diferente.

Todavía recuerdo la belleza del crepúsculo cuando era niño, mientras corría a casa para cenar después de ver una obra de *kamishibai*[29] en el campo cerca de nuestra casa. A veces me pregunto cómo percibía mi entorno y el paso del tiempo en aquellos días. En medio de la tristeza del día que llegaba a su fin, ¿tuve alguna vaga comprensión, incluso a esa edad, de que yo tampoco existiría para siempre? Tal vez esa comprensión es la primera forma instintiva en que un niño se relaciona con el mundo. Al mirar atrás en mi propia infancia, puedo pensar en varios eventos que me permitieron ver la naturaleza desde una nueva perspectiva, cada uno de los cuales fue como una pequeña encrucijada que encontré en mi camino hasta Alaska.

El primer evento fue una película que vi por casualidad en el cine local cuando estaba en la escuela primaria. Se titulaba *Ti-Koyo y el tiburón*, y estaba ambientada en Tahití, cuando el desarrollo del turismo transformaba la isla. La película cuenta la historia de un romance sutil entre una joven turista europea y un niño aborigen llamado Ti-Koyo

29 El *kamishibai* (紙芝居, «teatro de papel») es una forma tradicional japonesa de narración de cuentos que utiliza ilustraciones en papel presentadas en un teatro portátil de madera. El narrador, oculto detrás del teatro, va contando la historia mientras cambia las imágenes, creando una experiencia visual y auditiva atractiva para la audiencia, generalmente niños.

que se hace amigo de un tiburón. Lo que me cautivó especialmente de la película fue la inmensidad del océano Pacífico sur, que se extendía interminablemente en el fondo. Recuerdo que el folleto junto a la entrada que la describía como la primera película de naturaleza rodada en exteriores, sin decorados de Hollywood. En ese momento, solo veía películas de samuráis y espadas, y esta repentina exposición a la inmensidad del mundo debió de causarme un gran impacto; hasta el día de hoy, aún recuerdo el nombre de la chica, Diana.

En otro momento, durante mi adolescencia, también me fasciné profundamente por la naturaleza de Hokkaido, la isla más septentrional de las principales de Japón, que parecía remota y distante del suburbio de Tokio donde crecí. Mi interés se extendió a los osos pardos nativos de esa región y, aunque leía todo tipo de libros, fueron estos grandes animales, parientes del grizzly, los que empezaron a ocupar mi mente. Podía estar en un tren tembloroso o entre las multitudes bulliciosas de la metrópolis, pero mis pensamientos se dirigían a ellos de la nada. Me parecía increíblemente extraño que los osos pardos estuvieran allí, en el mismo país que yo, viviendo y respirando, en ese mismo momento. Mientras yo seguía con mi rutina en la ciudad, uno de ellos podría estar saltando un árbol caído mientras avanzaba torpemente por un bosque montañoso...

Sabía que no debería haber nada sorprendente en tales hechos, y sin embargo, persistían en mi adolescencia, avivando mi curiosidad por la naturaleza y el universo. Aunque no sabía cómo expresar mi asombro en esa época, ahora lo veo como mi primer indicio de la forma en que el mismo tiempo fluye por igual en todas las cosas. Quizás incluso representa la primera vez que me hice consciente del mundo, a mi manera inmadura, no como un conocimiento, sino a través de la intuición.

Hace varios años, una amiga mía expresó una idea similar. Editora en Tokio, constantemente ocupada, apenas logró organizarse para tomarse una semana libre y acompañarme en una expedición para fotografiar ballenas en el mar del sureste de Alaska. Después de haber trabajado hasta tarde la noche anterior, el verano en estas aguas le parecía una realidad completamente nueva, la cual aparecía mágicamente ante sus ojos como quien pasa la página de un libro.

Un día, al atardecer, nos encontramos con una manada de ballenas jorobadas y las seguimos lentamente en nuestro bote mientras nadaban lanzando chorros de agua al aire. Cuando estábamos lo suficientemente cerca como para sentir sus exhalaciones en nuestras caras, nos encontramos en medio de una escena abrumadora: glaciares y bosques primitivos a nuestro alrededor, y la naturaleza respirando en armonía en medio del flujo eterno del tiempo. Mi amiga se apoyaba en la borda con una brisa agradable en la piel, hipnotizada por estos leviatanes que se movían frente a nosotros.

De repente, una ballena saltó desde la superficie del agua justo delante de nosotros. Como en cámara lenta, su enorme cuerpo se lanzó girando en el aire, se quedó suspendido por un breve momento y luego cayó gradualmente, provocando un chapoteo explosivo.

La calma volvió eventualmente al mar y el grupo de ballenas continuó avanzando como si nada hubiera pasado. Había visto saltos de ballenas en varias ocasiones anteriores, pero nunca los había presenciado tan de cerca. Dudo que los seres humanos alguna vez entendamos lo que las ballenas intentan transmitir con este acto, incluso cuando buscamos interpretaciones para el comportamiento animal. Tal vez solo quieren sentir la brisa o simplemente saltan por diversión.

En cualquier caso, mi amiga se quedó sin palabras por lo que acababa de presenciar. Creo que lo que más le impresionó del espectáculo no fue tanto la enorme ballena en sí, como las vastas extensiones de naturaleza que la enmarcaban, la indiferencia de la ballena y el tiempo que compartieron juntos, aunque solo fuera por un instante.

—Tenía tanto trabajo por hacer, pero me alegro mucho de haber ido. ¿Quieres saber qué es lo que más me gustó? —empezó ella a describir la experiencia mucho tiempo después—. Supongo que fue darme cuenta de que en cualquier momento que estoy trabajando arduamente en Tokio, una ballena podría estar saltando en algún lugar del mar de Alaska... Después de regresar, pensé en lo que iba a contarles a todos sobre el viaje, pero no sabía cómo hacerlo. Al final, simplemente no pude encontrar las palabras.

Mientras vivimos nuestra rutina mundana, hay otro tiempo que fluye suave y decididamente, un tiempo diferente. Lograr ser conscientes de esta gran verdad, al menos en un rincón de nuestra mente, puede hacer una diferencia en nuestro día a día tan grande como la que hay entre el cielo y la tierra.

EN BUSCA DE TÓTEMS

Se cree que los ancestros originales de los pueblos nativos de América cruzaron desde el norte de Asia hacia lo que ahora es Alaska a lo largo del corredor terrestre de Bering que una vez conectó América del Norte y Eurasia. Esto ocurrió aproximadamente hace 18 000 años, justo cuando la última Edad de Hielo estaba llegando a su fin. Arrastrados por las corrientes eternas del tiempo, muchos de estos primeros migrantes se dispersaron gradualmente hacia el sur a través de un continente desconocido, mientras que algunos se asentaron en la costa de lo que ahora es el sureste de Alaska. Este último grupo formó dos tribus, los tlingit y los haida, culturas precursoras de los postes totémicos.

Las figuras misteriosas talladas en los tótems —águilas calvas, cuervos, ballenas, osos grizzly— sirven como recuerdos palpables de los antepasados lejanos y de sus tradiciones. Sin embargo, no son monumentos construidos para durar, puesto que la base material de registro de estas culturas no era la piedra, sino el efímero medio de la madera.

¿Habrá en la era moderna, casi el siglo XXI, alguna forma de ver un viejo tótem abandonado a su suerte en algún lugar del bosque? Quiero decir, no un tótem nuevo hecho para turistas o uno de esos artefactos exhibidos en museos, sino un poste totémico real y vivo que hubiera persistido desde su tiempo mítico. No me importaba si se había derrumbado en el suelo del bosque o si se había descompuesto en mantillo, quería tocar uno con mis propias manos. Viajando por las tierras salvajes de Alaska en los últimos años, este deseo comenzó a fortalecerse en mi mente.

Empecé a preguntar por pistas, pero todos se reían de mí. Recuerdo una vez en particular cuando pregunté a un grupo de personas involucradas en la industria maderera de los bosques del sureste del estado.

—¿Alguna vez habéis visto un tótem antiguo en el bosque? —pregunté—. ¿Aunque sea uno podrido?

—No hay manera de que encuentres una de esas cosas por aquí —respondió uno de los hombres—. No en estos tiempos. Tendrías que haber nacido hace cien años.

Es cierto que se pueden encontrar tótems decorativos erigidos en algunos pueblos nativos. Pero aunque hayan conservado la misma forma, los seres míticos representados —como la Ballena, el Águila y el Oso— han partido a algún lugar más allá de nuestro alcance con el drástico cambio que han experimentado estas comunidades. Y con la desaparición de las viejas historias de las mentes de quienes los tallan, los tótems ya no tienen nada que transmitir.

Sin embargo, el verano pasado, llegó a mis oídos una sorprendente noticia: ¡todavía se podían ver tótems antiguos en las Islas de la Reina Carlota![30]

Situado al norte de la Columbia Británica, justo al sur de la frontera canadiense con Alaska, este remoto archipiélago era el hogar de 6000 haida cuando llegaron los europeos en el siglo XIX, trayendo consigo la viruela que acabó con el

30 Las islas de Haida Gwaii, en la actualidad, como se especificó anteriormente.

70 % de la población y provocó el éxodo de los pocos que quedaron.

En el siglo XX, los museos de las grandes potencias se dedicaron a recolectar artefactos de todo el mundo, y las aldeas abandonadas de la Reina Carlota no fueron la excepción. Mientras se llevaban numerosos tótems, los descendientes de los haida que sobrevivieron se unieron en protesta, luchando para que sus espacios sagrados se desintegraran en paz y resistiendo con firmeza las presiones externas que buscaban la preservación de los tótems en nombre de su valor histórico. Esto dio como resultado que una aldea haida permaneciera intacta durante cien años.

El día de mi viaje, el mar alrededor de las Islas de la Reina Carlota estaba agitado y zarandeaba mi balsa inflable como la hoja de un árbol en el viento. El bosque profundo se extendía hasta la orilla de todas las numerosas islas del archipiélago, inalterado desde la época en que las personas vivían junto a los tótems. Era como si estuviera viajando al pasado, una sensación que se veía acentuada de alguna manera por el clima gris, mientras la niebla se deslizaba de árbol en árbol como una criatura cambiante y sigilosa, al mismo tiempo que llovía a cántaros.

Un poco más adelante, las olas rompían en una línea de rocas a lo largo de la orilla, donde divisé una pequeña abertura fácil de ver que daba a una cala. Cuando mi motor se enredó en un montón de algas espesas, lo apagué y remé el resto del camino. Luego, pasando entre rocas que se alzaban a ambos lados como una verja, entré en las aguas resguardadas de la costa e inmediatamente me recibió una tranquilidad increíble.

Al fondo de una pequeña porción de playa lograba divisar una hilera de lo que parecían enormes troncos sin hojas, diferentes de los que llenaban el denso bosque que los rodeaba. Allí estaban por fin los tótems envejecidos que tanto había deseado ver, erguidos en una playa silenciosa que seguía albergando los sueños, las alegrías, las penas y la ira de un pueblo a través del paso del tiempo.

El débil rugido del Pacífico volvió a mis oídos y, con un último golpe de remo, levanté la barca sobre una pequeña ola que me llevó hasta la arena. La lluvia se había calmado hasta convertirse en una ligera llovizna cuando desembarqué y subí desde la playa hasta la orilla adyacente, casi abrumado por la emoción de estar tan cerca.

Los tótems que encontré estaban cubiertos de musgo y plantas que habían hecho de ellos su hogar. La mayoría ya estaban inclinados y algunos yacían caídos en el suelo. Aun así, sus descoloridas tallas parecían ricas en significado. Un niño humano acunado en brazos de un oso, la cara de una rana asomando entre las aletas de una ballena, un águila calva en lo alto del poste como si vigilara el pueblo...

Al final me acerqué al pie de uno de ellos y lo contemplé durante un rato. Un enorme árbol se alzaba desde lo alto del imponente tronco, con raíces que llegaban hasta el suelo. Por la forma de la parte superior, me di cuenta de que aquel tótem era una tumba, ya que había oído hablar de la práctica de los haida de ahuecar uno de los extremos para los entierros. La semilla de un abeto que cayó un día debió de aprovechar los nutrientes del cuerpo humano para echar raíces, antes de alimentarse del tótem —del mismo modo que harían algunos árboles a partir de troncos muertos—, mientras crecía y crecía a lo largo de los meses y los años.

Cuando me abrí paso a través de un matojo de hierba alta, me esperaba otra sorpresa. En medio del verde primaveral se agazapaba un ciervo de cola blanca recién nacido. Después de esperar un rato a cierta distancia, su madre salió de entre los árboles y empezaron a moverse entre los tótems, comiendo hierba mientras avanzaban. Pronto los dos ciervos entraron en una profunda cavidad cubierta de hierba de unos 30 metros cuadrados, sobre la que se apoyaban cuatro troncos musgosos a modo de tejado, donde siguieron pastando plácidamente. Me quedé paralizado ante el espectáculo: estaban en las ruinas de lo que fue una vivienda haida. Los humanos habían desalojado el espacio y ahora la naturaleza lo estaba recuperando lenta pero inexorablemente. Comprendí de primera mano en qué se había convertido el lugar, con una fuerza emocional que más que entristecerme me dio una lección de humildad.

De repente dejó de llover y el sol empezó a brillar entre los árboles. Me senté en las rocas de la orilla, mientras el mar iluminaba la penumbra. Apoyaba el cuerpo en una roca muy cómoda, con un surco para la espalda, cuando tuve una visión que parecía cierta: una vez, hace mucho, mucho tiempo, alguien debió de sentarse en esta misma roca y contemplar el océano en el crepúsculo, igual que yo en aquel momento.

Una mujer arrullando a un bebé que llora y lo calma dando un paseo... unos hombres que vuelven de pescar y arrastran su canoa hasta la arena... muchachos y muchachas que juguetean al acercarse a estas rocas... Tales escenas surgían y desaparecían una tras otra en mi imaginación.

Se dice que los asentamientos humanos en esta isla se remontan a hace 7000 años, mientras que los últimos tótems que existieron en la era de los dioses desaparecerán, sin dejar rastro, en tan solo 50 años. Los innumerables cuentos populares de ensueño que representan sus tallas desdibujan los límites entre las historias sobre humanos y las historias sobre animales, sugiriendo una especie de sabiduría acumulada por sus creadores instintivamente en sus interacciones con la naturaleza para ayudarles a persistir en el tiempo. Son, además, un tipo de poder que hemos perdido.

La historia corre, inexorablemente, a través de una niebla sin meta a la vista. Si la humanidad quiere seguir existiendo en el futuro, puede que llegue el día en que tengamos que volver a crear nuestros propios mitos y jugarnos la vida con ellos.

Tan-tan-tan, tan-tan-tan. El sonido de algo golpeando la madera me sacó de mi ensueño y busqué su origen, pero no vi a nadie alrededor. Luego, mirando hacia arriba, vi un pájaro carpintero posado en un tótem, picoteando el rostro desgastado de un oso. En algún momento otro ciervo emergió del bosque y comenzó a deambular entre los tótems. Antes de darme cuenta, los mitos habían renacido y el rostro cubierto de musgo del Cuervo, creador del mundo, me miraba con ojos inquebrantables.

PRIMER CONTACTO CON ALASKA

Un día recibí una llamada de mi amigo Don Ross, piloto de aviación salvaje.

—Hay un fotógrafo de la National Geographic en la ciudad —me dijo—. Parece que está a punto de dirigirse al Ártico para fotografiar la migración del caribú. Quiere conocerte. ¿Te importaría reunirte con él en su hotel? Su nombre es George Mobley.

National Geographic. La revista más prestigiosa de América cuando se trata de historia, naturaleza, geografía y cultura. Publicar tu trabajo allí debe ser el sueño de todo fotógrafo. Ahora aquí está uno de sus fotógrafos. Apuesto a que está recorriendo todo el mundo...

Tales eran los pensamientos que se me venían a la cabeza mientras conducía hacia el hotel, cuando de repente me resonó el nombre de George Mobley. «Podría ser él», sin duda, su nombre me resultaba muy familiar.

Así que di media vuelta, volví a casa y saqué un libro de fotografías de mi estantería. No tardé nada en encontrar la página. En ella había una foto que me evocaba viejos recuerdos y, efectivamente, escrito al lado en letra pequeña estaba «George Mobley». ¿Cómo podría adivinar que ahora lo conocería así?

En mi adolescencia leí todo tipo de libros y a través de ellos desarrollé una fascinación por la naturaleza de Hokkaido, la más septentrional de las islas principales de Japón, que ya me parecía un reino lejano. En algún momento, ese interés por las regiones del norte se trasladó aún más lejos hasta Alaska, pero sin forma de descubrir cómo era realmente allí, mi curiosidad siguió creciendo sin freno; hace más de 20 años, los libros sobre Alaska eran prácticamente inexistentes en Japón.

Un día, en una librería de segunda mano del barrio de Kanda, en Tokio, me topé con una colección de fotografías de Alaska. Habiendo tantos títulos extranjeros alineados en la estantería, misteriosamente mi mirada se detuvo en ese libro en particular. Allí estaba, justo delante de mí, como si siempre hubiera estado esperando mi llegada. Desde entonces, fuera donde fuera, a la escuela o a cualquier otro destino, el libro siempre estaba en mi mochila. Hay un viejo dicho para esto: «lee un libro hasta que tus dedos lo manchen». Claro que en mi caso, no era la lectura lo que me absorbía, sino el poder de sus fotografías.

Una imagen en particular me llamaba con tal fuerza que no podía evitar hojear a su página cada vez que cogía el libro. Era una toma aérea de un poblado inupiat en el Círculo Polar Ártico. Las aguas grises del mar de Bering, el cielo nublado, las cañas de bambú reflejando el brillo del sol a través de las nubes... y, en medio de todo esto, un asentamiento humano, como un punto solitario en el paisaje.

La escena era increíblemente desoladora, creo que lo primero que me atrajo fue la luz tan extraña, pero con el tiempo fue el pueblo lo que empezó a captar mi atención. Aunque podía distinguir la forma de los edificios, no se veía ninguna figura entre ellos, y me pregunté qué llevaba a la gente a vivir en un lugar así, casi en los confines de la Tierra. ¿Quiénes eran? ¿En qué pensaban en su día a día?

A veces, cuando era más joven, mientras miraba despistado a la ciudad desde el tren, en el crepúsculo, me fijaba a través de la ventana descubierta de alguna familia reunida en alegre conversación, posiblemente cenando. Siempre en esos momentos, mantenía los ojos fijos en ese diorama hasta que el resplandor de la ventana se perdía de vista. Entonces se me oprimía el pecho al sentir una especie de emoción, aunque no sé muy bien cómo llamarla. ¿Era una sensación de asombro ante esos extraños que vivían vidas desconocidas para mí? ¿Era la tristeza de vivir en la misma época y no haber tenido nunca la oportunidad de conocerlos?

Este sentimiento era similar al que surgía cuando miraba la foto. La diferencia en el caso de los nativos, sin embargo, era que yo deseaba conocerlos más que nada.

La fotografía llevaba el nombre del pueblo: Shishmaref. Decidí que intentaría enviarles una carta. ¿Pero a quién exactamente? ¿Y a qué dirección? Abriendo un diccionario de japonés a inglés, encontré la palabra *mayor* (alcalde). Y para la dirección, mi única opción era añadir «Alaska» y «Estados Unidos» al nombre de la aldea.

> «Vi una foto de su pueblo en un libro. Me gustaría visitarlo. Ayudaré en lo que pueda, pero ¿hay alguien con quien pueda quedarme?»

Eso era lo esencial, unas palabras honestas sobre exactamente lo que estaba pensando. Puedo imaginarme ahora la torpeza de la redacción, ya que era la primera vez que escribía una carta en inglés.

Pasó el tiempo y no recibí respuesta. No es que me sorprendiera. Ni siquiera había una dirección o un destinatario concretos. Imagina que la carta llegaba a uno de los habitantes del pueblo. ¿Quién iba a recibir a alguien que ni siquiera conocía? Pronto olvidé por completo que la había enviado. Hasta que un día, seis meses después, volví a casa del instituto y vi que había llegado un sobre del extranjero. Era una carta de una familia de Shishmaref.

> «Recibimos tu carta. He hablado con mi mujer de que vengas a nuestra casa... El verano es la estación de la caza del caribú. Necesitamos gente para ayudar... Ven cuando quieras».

Seis meses después, estaba de camino a Alaska. Tras varios transbordos de una avioneta a otra, por fin se divisaba el pueblo, rodeado por el mar de Bering. La realidad se fundió con la imagen que me había obsesionado, y mantuve la cara pegada al cristal, sobrecogida por el momento.

Mi estancia en Shishmaref aquellos tres meses de verano, a mis 19 años, se me quedó grabada para siempre. Pisar realmente el pueblo que había visto desde arriba en la imagen; presenciar osos, focas y caribúes por primera vez; conocer a todos los nativos bajo el sol de medianoche... Las experiencias intensas se sucedieron una tras otra, sedimentándose en lo más profundo de mi alma y dejándome un interés permanente por la diversidad de formas de vida.

Después decidí que me dedicaría a la fotografía como profesión y regresé a Alaska siete años más tarde con muchos sueños en el corazón. Esta vez mi visita no sería tan breve. Esperaba quedarme tres, tal vez cinco años, pero el tiempo pasó volando: recorrí prístinas laderas y valles, escuché el rechinar de grandes montañas de hielo, busqué ballenas francas en un umiak, seguí la migración del caribú... Registré un año en la vida de un oso, contemplé incontables auroras boreales, me crucé con lobos. Me sumergí en las culturas de muchos pueblos... Sin darme cuenta habían pasado los años. En algún momento dejé a un lado la idea de marcharme y me vi construyendo una casa mientras intentaba echar raíces en esta tierra.

Entonces, ¿fue ese libro en particular, en ese momento específico en esa librería, el evento predestinado que fue el responsable de mi llegada a Alaska? Creo que la respuesta es no. Porque si uno intenta remontarse a cada momento de su vida, lo único que encontrará es una cadena de innumerables coincidencias que se extienden sin fin, como si se mirara en dos espejos opuestos.

En cualquier caso, fui a la ciudad de Shishmaref después de ver esa foto. Y no puedo negar que se produjo un cambio en mi vida, como si se hubiera dibujado un nuevo mapa para mí. Todo esto me lleva de nuevo al hombre que hizo la foto, George Mobley.

Cuando llegué al hotel, encontré su habitación y llamé a la puerta. Él no sabía cuánto significaba para mí aquel encuentro. George salió a recibirme con una sonrisa en su rostro de barba blanca.

Después de hablar un rato sobre el caribú, saqué el viejo libro y empecé a contarle toda la historia. Me alegró ver que sus ojos se concentraban en mí mientras me escuchaba.

—Vaya... veo que mi foto te ha cambiado la vida...

—No exactamente... Más bien, me ha abierto una gran oportunidad.

—¿Y te arrepientes? —decía George mientras sonreía suavemente con su mirada, que ya dejaba ver sus primeras arrugas de la vejez.

La vida está llena de mecanismos ocultos. En el transcurso de nuestras vidas cotidianas, nos cruzamos con innumerables personas, pero lamentablemente nunca llegamos a conocerlas realmente. Esta profunda tristeza tiene su origen en la inmensidad de posibilidades de contacto que existen entre los seres humanos, una inmensidad que nos deja con la sensación de que la verdadera conexión es, en última instancia, inalcanzable.

BAHÍA LITUYA

Cuando el Cessna despegó del pueblo de Yakutat, al sur de Alaska, y empezó a llevarnos en línea recta hacia el este a lo largo de la costa, miré por la ventanilla la costa sombría y escarpada. Formada por glaciares que se derramaban en el Pacífico desde las altas montañas de la cordillera Fairweather, se extendía sin cesar a lo largo de unos 250 kilómetros.

Cada vez que sobrevolábamos un glaciar, el piloto reducía la altitud y yo apretaba la cara contra el cristal, contemplando con asombro el terreno helado que se extendía por debajo. Podía ver los lugares donde los bordes de los glaciares rozaban los bosques, dejando al descubierto la tierra y esparciendo innumerables témpanos de hielo y árboles por la zona. Las parcelas de suelo negro que albergaban vida vegetal casi podían confundirse con tierra si no fuera por las tenues grietas de color azul blanquecino que revelaban la masa helada que había debajo. La escena era más caótica que hermosa, y nos recordaba que la Edad de Hielo no estaba tan lejos en el pasado como a menudo imaginamos.

Me dirigía a la bahía Lituya, una recóndita entrada del mar que llevaba tiempo queriendo visitar porque me intrigaba la vida de un particular ermitaño que había vivido allí. No era un hombre que hubiera hecho nada de gran importancia histórica, pero fue la única persona no nativa que se asentó en este inhóspito tramo de costa y, desde cierto punto de vista, eso ya era histórico.

Aunque mi interés por la historia de Alaska se remonta a muchos años atrás, no se intensificó hasta que me mudé aquí desde Japón, y no tardé en sentir una curiosidad insaciable por ciertas cuestiones. ¿Qué fue lo que trajo a las personas aquí? ¿Qué camino eligieron seguir en los años siguientes? Las épocas históricas van y vienen, pero los acontecimientos que conforman una sola vida parecen permanecer básicamente iguales, y algo en la vida de aquel ermitaño debió de resonar de algún modo con la mía.

Su nombre era Jim Huscroft. Por lo que sé, en algún momento entre 1915 y 1917 remó hasta una pequeña isla de la bahía Lituya y vivió allí solo hasta que murió 22 años después. La descripción que de él se hace en el clásico de Alaska, *Glacier Bay: The Land and the Silence* (Bahía de los Glaciares: la Tierra y el Silencio),[31] aunque breve, me causó una gran impresión. Sobre lo buena persona que era, el famoso montañista Robert Bates dijo lo siguiente:

> Jim Huscroft fue uno de los hombres más amables que he visto. Cuando le conocí en 1932, vivía solo en la isla Cenotaph, en la bahía Lituya, donde llevaba unos 17 años como ermitaño moderno, yendo «fuera», a Juneau, una vez al año para comprar provisiones y vender pieles de los zorros que corrían salvajes por la isla.

Aparte de los pequeños ingresos que le proporcionaban los zorros, Jim era completamente autosuficiente. En el libro solo se incluye una fotografía suya. Sostiene un manojo de

31 *Glacier Bay*, libro de naturaleza publicado en 1967 por The Sierra Club, San Francisco, al cuidado de David Brower y David Bohn.

patatas arrancadas de su huerto y luce una tímida sonrisa. Fue esta sonrisa la que me llamó la atención de alguna manera.

> Cuando Jim cogía su barquito para ir a Juneau en su viaje anual a las afueras, siempre iba primero a una tienda donde podía comprar un cubo de caballa salada. Se comía una o dos allí mismo y luego guardaba el resto del cubo para llevárselo a la isla.

Contaban que también iba al Elks Club a recoger los periódicos de todo el año, que habían guardado para él. Luego, cuando volvía a la isla, cada mañana leía el periódico de hacía exactamente un año. Afirmaba que nunca hacía trampas y que nunca leía los periódicos con antelación.

> Cuando un forastero llegaba a la isla Cenotaph, ya fuera en barco o en hidroavión, Jim siempre estaba allí para recibirlo. Con su calva reluciente, esperaba, reloj en mano, con estas palabras: «Yo doy las 11:20: ¿y tú?».

Ayudaba a todo el que llegaba a la isla y le ofrecía la hospitalidad que podía. La siguiente conversación relatada por Bates, que tuvo lugar después de que Jim leyera un artículo sobre los niños pobres de Nueva York, es una ilustración perfecta de lo esencialmente humano que era:

> —Di que no es así, Bob, di que no es verdad.
> —¿Qué es lo que no es cierto, Jim? —yo le pregunté.
> —¡Que los niños de Nueva York comen en contenedores de basura! —me respondió—. He estado pensando en ello todo el invierno... Hay muchos salmones en la bahía y cabras en las colinas y si pudiera conseguir algunas latas podría ayudar a algunos. No está bien que los niños coman así y quiero ayudarlos. Llevo todo el invierno pensando en ello.

La humanidad de Jim es un ejemplo de las diversas formas que puede tomar el organismo humano al mismo tiempo.

> El gran clímax de cada año para Jim Huscroft era la cena de Navidad. Planificaba el trascendental acontecimiento con meses de antelación y siempre nos enseñaba las fresas, los arándanos y los salmones que había preparado para cuando llegara el momento de hornear. Cuando llegaba la emocionante ocasión, Jim se sentaba, completamente solo, a cenar ganso asado con una selección de catorce tipos diferentes de tartas...

Aparte del hecho de que Jim nació en el estado de Ohio y ganó una gran fortuna solamente para perderla en empresas fallidas tres veces distintas, no se sabe nada de lo que hizo antes de llegar a Alaska. Falleció el 23 de marzo de 1939. Al año siguiente, un amigo de Robert Bates, el gran montañista y cartógrafo Bradford Washburn, talló su epitafio y lo enterró entre las rocas de la isla.

Eso es todo lo que hay que contar sobre Jim Huscroft, pero por alguna razón su historia se me quedó grabada. Y su muerte no marcaría el final de la crónica de la bahía Lituya, que acabaría enlazando con una leyenda del pueblo tlingit que una vez habitó la región.

Se decía que en la boca de la bahía, en el fondo del mar, acechaba un demonio llamado Kah Lituya. A todos los que se acercaban a sus aguas los llevaba a la ruina, transformándolos en osos que tenían que vigilar la bahía desde las cimas de las montañas como sus esclavos. Si alguien se atrevía a entrar en la bahía, arrojaban rocas desde las laderas y esto levantaba una enorme ola para tragarse a estos intrusos hacia las profundidades.

En tiempos de Jim, el pueblo tlingit había desaparecido de la Tierra, superado por su leyenda. Sin embargo, conocían la verdad; Kah Lituya había mostrado su rostro una vez hacía mucho tiempo y, sin duda, llegaría el día en que volvería de nuevo...

9 de julio de 1958. El cielo está despejado y el océano en calma, mientras un grupo de ocho escaladores canadienses acampa cerca de la desembocadura de la bahía Lituya, después de haber completado su ascenso al monte Fairweather.

20:00 hrs. Un pesquero, el Edrie, regresa a la bahía y echa el ancla.

21:00 hrs. Un pequeño avión aterriza en la playa para recoger a los escaladores y despega hacia Juneau. (Al parecer, el plan original era que llegara a la mañana siguiente.) Unos minutos después, entran otros dos pesqueros, el Badger y el Sunmore.

22:16 hrs. El sol se pone y la marea baja, cuando el monte Fairweather se desploma.

Desencadenado por un feroz terremoto, caen 90 millones de toneladas de roca, un glaciar se desmorona y un enorme tsunami de unos 40 metros de altura arrasa la bahía Lituya a una velocidad de 160 kilómetros por hora. El Sunmore es absorbido instantáneamente por el mar, mientras que el Badger y el Edrie son arrastrados por encima de las copas de los árboles hasta una altura de 20 metros. Los investigadores de la American Geographical Society que llegan a la mañana siguiente describirán más tarde la escena como apocalíptica. Y arrasados para siempre por la ola desaparecen la vieja cabaña y el huerto de Jim Huscroft.

A través de los huecos entre las nubes, ahora podía ver la bahía Lituya y las crestas cubiertas de hielo de la cordillera Fairweather. A pesar del nombre, este tramo de costa es conocido por tener el peor tiempo de toda Alaska, y era raro que el cielo estuviera tan despejado.

Pronto el avión se inclinó detrás de las laderas, revelando toda la bahía que se extendía bajo nosotros. Luego descendimos y aterrizamos en la estrecha franja de playa.

Una vez apagados los motores, el único sonido que llegó a mis oídos fueron las olas del Pacífico. Divisé las débiles huellas de un oso en la arena y las seguí hasta un saliente rocoso desde el que tenía una vista despejada de los alrededores. Desde allí podía ver a lo largo y ancho la isla Cenotaph, el lugar al que Jim había llamado hogar, y las montañas abrazadas por glaciares que se alzaban a más de 4000 metros de altura. Era el tipo de belleza que te deja sin aliento. ¿Podrían coexistir el paraíso y el peligro?

Vine aquí para ver el paisaje que Jim había contemplado durante 22 años. Aunque él y yo hayamos nacido en épocas diferentes, ambos habíamos venido a Alaska en busca de algo. Yo quería tocar su vida. Para eso era este viaje.

Ya no hay forma de averiguar por qué decidió establecerse aquí. Cada uno tiene su propia historia, y el camino que debe seguir. Sin embargo, hay una cosa que puedo decir con certeza. El día que Jim Huscroft remó con su pequeña barca por la boca de la bahía, aquí en el confín del mundo, apuesto a que el cielo de Lituya estaba despejado y el aire infinitamente en calma, como hoy.

KISKA

Las ondulantes olas del mar de Bering me despertaron de un sueño. Me encontraba en un buque de la Armada de Estados Unidos que atravesaba las islas Aleutianas camino de Kiska. Había amanecido y la leve tormenta que se había desatado hacia medianoche parecía haber cesado.

Cuando subí a cubierta, ya podía ver acercándose Kiska. Al igual que las demás islas de la cadena de las Aleutianas, sus costas estaban completamente desprovistas de árboles, debido sin duda a los poderosos vientos que las azotan sin tregua. Las aguas de esta región son conocidas por su bravura, plagadas como están de sistemas de baja presión, y algún documento oficial llega a calificarlas de «las peores de la Tierra». Pero aunque las tierras altas estaban cubiertas de niebla aquella mañana, el tiempo era inusualmente agradable, con rayos de sol que se abrían paso intermitentemente entre las nubes.

Contemplando la isla estaba Toyotaro Sugano, un veterano de 71 años de la Guerra del Pacífico. Originario de la prefectura de Yamagata, una región al norte de Tokio. Sugano formaba parte de una guarnición que logró la milagrosa evacuación de Kiska el 29 de julio de 1943. Dos meses antes, 2638 de sus compatriotas de la isla de Attu desperdiciaron sus vidas en un infame ataque Banzai[32] contra sus combatientes estadounidenses.

—Me alegro de ver salir el sol —dije.

—Llevo 50 años soñando con volver a pisar Kiska— dijo Sugano. Su rostro, bronceado por años de trabajo agrícola, esbozó una sonrisa—. Este día es el que me ha hecho mantenerme en pie. Mis deseos deben de haber sido escuchados.

Mientras hablábamos, apareció en cubierta George Earle, veterano de la misma guerra pero del bando contrario. Ahora, con casi 80 años, fue uno de los 6500 soldados estadounidenses que, ajenos a la evacuación, desembarcaron 18 días después para retomar la entonces desierta Kiska. Como tropa de montaña, George estuvo en la vanguardia de lo que resultó ser un asalto anfibio innecesariamente tenso. Ahora, medio siglo después, Sugano y George se unían a un grupo de otro japonés y otros nueve veteranos estadounidenses para visitar la isla por primera vez desde la Segunda Guerra Mundial.

Algo tímido, Sugano se inclinó ante George saludándole en japonés, y George respondió en inglés con un «buenos días» y un leve saludo con la mano. Mientras las verdes laderas de Kiska llenaban mi visión, pensé en el largo espacio de tiempo que había separado a estos dos hombres de este momento. Puede que no fueran capaces de comunicarse con palabras, pero lo siguiente que noté es que tenían sus brazos sobre los hombros del otro.

---

32 Táctica militar desesperada empleada por las fuerzas japonesas, principalmente durante la Segunda Guerra Mundial en el Frente del Pacífico Oriental. Se trataba de un ataque frontal a gran escala realizado por infantería japonesa, generalmente al grito de «¡Banzai!», con el objetivo de abrumar y derrotar a las fuerzas enemigas. Las cargas Banzai se caracterizaban por su naturaleza suicida, ya que los soldados japoneses a menudo tenían la orden de luchar hasta la muerte sin posibilidad de rendirse.

La Guerra del Pacífico puede parecer muy lejana para los que nacimos después de que terminara. Al carecer de experiencia directa de la época, tan solo podemos concebirla como información en las páginas de la historia, y por mucho que intentemos acercarnos a la realidad del pasado, nuestros conocimientos nunca serán comparables a haber estado realmente allí. Para Japón fue una guerra imperialista de obsesiva expansión territorial, mientras que para Estados Unidos fue un teatro militar en una lucha contra el fascismo. Sin embargo, el estudio de estos relatos *a posteriori* no nos permite comprender por qué se desperdiciaron más de tres millones de vidas tan solo en el bando japonés, ya que estamos inevitablemente ligados a la época en la que nacimos.

Ni siquiera ese desconcertante recuento de víctimas logra transmitirnos el horror de la guerra. Nuestra única esperanza de comprenderlo sería experimentar por nosotros mismos, de algún modo, la vida irreemplazable de cada individuo anónimo que se cuenta entre los muertos y lo que queda de las vidas de los que dejaron atrás.

Este punto me conmovió especialmente hace varios años, cuando terminé de leer el libro *Sōkai yo Nemure: Midowei Kaisen no Seitoshi*[33] (de Hisae Sawachi y publicado por Bungeishunjū) que ofrece relatos detallados de las trágicas vidas de más de 3000 jóvenes japoneses y estadounidenses que fueron absorbidos desde cerca y desde lejos por ese vórtice conocido como Batalla de Midway, así como las de sus padres, novios y esposas supervivientes. Esta obra de no ficción, que sirve como registro del absurdo inherente que hace que la guerra se resista a cualquier definición adecuada, contiene una cita especialmente conmovedora de la viuda de un soldado estadounidense:

33 Duerme bien, océano: Los vivos y los muertos de Midway.

> Ahora entiendo por qué añoramos los días pasados y construimos la fe en la vida después de la muerte. Nuestros corazones no pueden aceptar que una vida individual, una persona a la que amábamos profundamente y de la que dependíamos por completo, se haya ido para siempre. Simplemente nos negamos a aceptarlo.

Se cree que la invasión japonesa de las Aleutianas, junto con su ocupación de Kiska y Attu, fue una distracción de la crucial batalla naval en el atolón de Midway. Una vez que las fuerzas japonesas perdieron allí, uno de los puntos de inflexión de la Guerra del Pacífico, la cadena de islas dejó de tener valor estratégico y pronto fue abandonada. La carga Banzai en Attu fue la primera de este tipo y pronto desencadenó una oleada de maniobras desesperadas similares en la carrera de Japón hacia la derrota. En Kiska, por el contrario, una guarnición de 5500 soldados utilizó la abundante niebla del archipiélago como cobertura para evacuar la isla en apenas 40 minutos.

Cuatro días antes de esta extraordinaria huida, un avión de combate estadounidense había sido derribado en la isla. Cuando un grupo de soldados japoneses se apresuró a llegar al lugar del accidente, el joven subteniente que iba dentro ya había muerto. En honor a su valor, los 50 hombres presentes levantaron una cruz para marcar su tumba e inscribieron una placa con las palabras en inglés: «Sleeping here a brave hero who lost youth and happiness for his Motherland».[34]

En una época en la que uno de los eslóganes del gobierno japonés era «¡Brutos demoníacos esos yanquis y británicos!», esta muestra de respeto no era algo que pudieran

34 «Duerme aquí un valiente héroe que perdió la juventud y la felicidad por su Madre Patria».

arriesgarse a admitir ante nadie. Según Sugano, que ayudó a colocar el poste, juntó las palmas de las manos y se dirigió a los fallecidos:

—Muy pronto, nosotros también moriremos y vamos a compartir historias en el otro mundo.

Un teniente estadounidense que no olvidaba el gesto de la tumba fue el principal organizador de este servicio conmemorativo conjunto japonés-estadounidense en Kiska. Aunque algunos de los participantes fueron enemigos en el pasado, a todos los unían los recuerdos de su estancia en el duro entorno de esta isla.

Estoy agradecido por la oportunidad que tuve de pasar cinco días con esta docena de veteranos, que tenían una media de edad de unos 80 años. Caminé por las montañas con ellos, escuchando recuerdos de su servicio aquí y visitando varias ruinas de guerra. Vimos cañones antiaéreos oxidados esparcidos por la tundra, cruceros encallados en una playa de arena e incluso submarinos enanos de la Unidad Especial de Ataque —esas naves suicidas biplaza de las profundidades— cargados con torpedos y solo el combustible suficiente para alcanzar su objetivo.

—Uno de los americanos me dijo algo hoy —murmuró Sugano con nostalgia por la noche en su tienda—. Dijo que los japoneses somos demasiado imprudentes con nuestras vidas, que necesitamos tratarnos con mayor dignidad...

Podía ver que Sugano tenía pensamientos de sus días de guerra que quería expresar, pero le costaba encontrar las palabras.

Un día, después de recoger las flores de agosto de Kiska, se celebró un breve funeral, en el que Sugano hizo un panegírico, con la voz quebrada muchas veces mientras se enjugaba las lágrimas.

—Hoshino-san, he cumplido con mi deber —me dijo después, apretando mi mano entre las suyas.

¿Qué podría haber respondido alguien como yo, que nunca había conocido la guerra? Ese día Sugano salió por fin de la sombra de la guerra.

Otro día nos recibió un clima despejado, poco común en las Aleutianas, que cada miembro del grupo aprovechó a su manera. En una zona de hierba alta junto a un acantilado, encontré a George montando su lienzo en soledad. Me contó que siempre le había gustado pintar y que enseñaba arte en la universidad de su ciudad natal después de la guerra. Me senté en la hierba y me empapé de la luz del final del verano. La bahía de Kiska resplandecía y la guerra parecía tan solo un sueño.

—¿Qué lugar ocupan en tu vida los días posteriores a la guerra? —le pregunté. El pincel de George se detuvo y se quedó mirando el mar de Bering, pensativo durante un rato.

—El peso que la guerra dejó sobre mis hombros es demasiado pesado para comprenderlo. Éramos tan jóvenes. Nuestras vidas estaban a punto de empezar... Cuando mi mujer murió justo después de la guerra, reprimí todos mis recuerdos. No empecé a acudir a las reuniones de otros soldados de las tropas de montaña hasta hace cuatro o cinco años. Lo que debió de abrirme por fin fue volver a casarme y rehacer mi vida...

Un águila calva revoloteaba tranquilamente sobre corrientes de aire ascendentes. Esta isla remota es uno de los dormideros de aves marinas más importantes del mundo. Recordé una anécdota que George me había contado sobre un amigo suyo de la guerra que estaba encaprichado con los pájaros. Le gustaba tanto observarlas cuando estaba destinado en Kiska que lo echaron del servicio. Pero, al parecer, en cuanto terminó la guerra, regresó a la isla como investigador del Instituto Smithsoniano. Los sistemas políticos y las estructuras sociales cambian inevitablemente de una época a otra. Solamente persisten los modos de vida y los sueños de los individuos.

La noche antes de irnos de Kiska, George se acercó para decirme algo:

—Michio, cuando hablamos en el acantilado la otra vez, olvidé mencionar algo. En aquel entonces, me fascinó el paisaje desolado de Kiska y pinté un cuadro, pero parece que no presté atención a la pequeña naturaleza que tenía a mis pies. Las pequeñas flores de la tundra, la hierba que se balancea con el viento, la belleza del musgo… Han pasado cincuenta años desde entonces y ahora finalmente me he dado cuenta. Ah, eso era lo único que quería decir.

LA MUERTE DE UN *BUSH PILOT*

El otoño en Fairbanks ha sido maravilloso este año. Pero no esperaba finalizarlo con tanta tristeza.

El piloto de *bush flying*,[35] Roger Darwin, murió en un accidente aéreo.

En los últimos dos años, varios pilotos conocidos míos habían perdido la vida uno tras otro. Sin embargo, ¿quién podría haber imaginado que Roger también se iría?

—Una era ha llegado a su fin —murmuraron muchos compañeros con una tristeza profunda e ineludible. No había palabras más precisas para describir la muerte de Roger. Sin duda, una era había terminado.

No era porque fuera el mejor *bush pilot* de la región ártica de Alaska, ni porque hubiera realizado hazañas aéreas legendarias. Todo lo contrario, Roger era un hombre que no encajaba en absoluto con la imagen de un piloto glorioso.

Era tímido, pero a la vez amaba a la gente y tenía un gran sentido del humor. Cuando reía, las comisuras de su rostro cuadrado se inclinaban, y detrás de su sonrisa se adivinaba una profunda tristeza. Tenía la extraña habilidad de hacer que la gente se sintiera cálida. Y ni siquiera se daba cuenta

35 O de aviación salvaje, como se mencionó anteriormente.

de ello. La gente quería a Roger como ser humano con todo su corazón y cada uno tenía sus propios recuerdos de él.

Desde el 29 de agosto, cuando Roger se perdió en la cordillera de Brooks durante una tormenta de nieve, no he podido dejar de pensar también en mi amigo Don Ross. Don y Roger, pilotos de avioneta de la región ártica de Alaska, compartían una profunda amistad. Me encantaba verlos juntos.

Muchos amigos pilotos se reunieron en Arctic Village, un poblado indígena de la cordillera de Brooks, donde continuó la búsqueda del desaparecido Roger. Sin embargo, las primeras nevadas ya cubrían las montañas y encontrar su Cessna blanco era una causa desesperada. El clima también empeoró y Don fue el único que siguió volando solo hasta el final, a riesgo de un doble accidente. Siguiendo la ruta de vuelo, escaló incluso la cordillera a principios del invierno. Y cuando todos estaban a punto de darse por vencidos, pensando que ya no sería posible hasta la primavera, Don avistó el avión blanco de Roger, perdido hacía mucho tiempo, en la parte alta del valle del Sheenjek.

Un soleado domingo de septiembre, se celebró una reunión en memoria de Roger en el hangar de avionetas, situado en las afueras del aeropuerto. En un espacio del tamaño de una cancha de baloncesto, se reunieron cerca de doscientas personas, entre amigos y conocidos. Ese hangar era un lugar lleno de recuerdos para Roger, donde solía inspeccionar y reparar su Cessna.

Había comida en abundancia y la sala estaba decorada con álbumes de Roger y cartas de los que no pudieron asistir. Todo el mundo iba vestido con normalidad e incluso algunos perros grandes deambulaban por la sala, convirtiéndolo en un memorial muy al estilo alaskeño y también al de Roger.

Don había pegado un gran trozo de papel a la pared. Con rotulador, ponía: «Muchas gracias por no vomitar». Era una frase que Roger había escrito en broma en la pared de su oficina (o más bien, choza excavada en la tierra). En otras palabras, significaba: «Gracias por aguantar el viaje en avión a pesar de las turbulencias». La sensación de querer despedir a Roger en un ambiente alegre era palpable. Sin embargo, yo no podía evitar mirar a Don. Sentía que las lágrimas me iban a brotar en cualquier momento.

El lugar estaba lleno de rostros conocidos y queridos. Todos con los ojos hinchados por el llanto. Entre ellos estaba Kim Heacox, un amigo que había escrito un libro llamado *Bush Pilots of Alaska*. En él había un pasaje dedicado a Roger:

> El Cessna entró en el valle del Sheenjek, volando a ras del río y girando varias veces para comprobar la dirección del viento antes de aterrizar en una pequeña gravilla junto a la orilla. Cuando el avión se detuvo, solo quedaba un metro hasta el agua. Un veterano piloto comercial, que volaba para una gran aerolínea, observaba la escena con la respiración contenida: «En los últimos treinta años, todo lo que he hecho ha sido sentarme en la cabina de un Boeing y mover palancas. Pero hoy, por primera vez, he visto a un verdadero piloto».

La ceremonia comenzó con una hora de retraso. La gente llegaba poco a poco y el lugar se llenó de grupos de personas.

Don Ross y Jim Jones, un guía de la cordillera de Brooks, se encargaron de conducir la ceremonia. Primero, Don sacó un papel de su bolsillo y comenzó a leer un poema.

—Aunque sea piloto de avioneta, también escribe poesía... ¡un tipo extraño! —fueron las palabras de apertura de Jim, lo que provocó risas entre los asistentes. Jim era un hombre amable que sabía cómo conectar con las emociones de la gente.

El poema de Don era sencillo y conmovedor. Era un recuerdo de los días que había pasado volando por la región ártica de Alaska junto a Roger: la majestuosa migración de los caribús que se repetía desde tiempos inmemoriales, las pequeñas flores que brotaban en la tundra en verano, el viento que soplaba a través de ellas, la finitud de toda vida...

Todos escuchaban atentamente el poema de Don, que leía con voz baja y pausada.

Era el turno de Jim para leer un poema. El título era «El hombre que amaba el *spam*». El *spam* es una carne de cerdo enlatada y barata, que en Estados Unidos se consideraba comida de mala calidad. Sin embargo, a Roger le encantaba el *spam*. La audiencia estalló en risas. Todos reíamos mientras llorábamos.

A partir de ahí, cada uno de los asistentes fue contando sus recuerdos de Roger, todos compartieron algo. No había ningún orden, cuando uno terminaba, otro empezaba a hablar en algún lugar, era algo muy natural. Yo quería contar algo, pero al final lo reprimí. Recordaba un viaje de fotografía que hice con Roger una primavera. ¿Cuántos años hace de eso?

Nos dirigíamos por el valle de la cordillera de Brooks a principios de primavera hacia el océano Ártico. Estábamos allí para observar la migración estacional de los caribúes. Ese año, Roger se había comprado su primera videocámara pequeña y llevaba rodándola desde que salimos de Fairbanks. Me hacía hablar al objetivo y se comporta como un niño pequeño. Aún conservo la cinta de aquella época.

Nos acercábamos al río Kongakut, donde queríamos establecer el campamento base, pero el deshielo había avanzado mucho y no encontrábamos un lugar adecuado para aterrizar. Y así empezaron los innumerables aterrizajes de prueba sobre el hielo desbordado (agua que sale a borbotones de una brecha en el hielo del río y se hace doble hielo encima) que aún tengo grabados a fuego en la memoria. Tocábamos el hielo ligeramente con los esquís del avión para comprobar su estado, deslizándonos y despegando de nuevo. Mucho tiempo después, Roger me confesó que nunca había hecho aterrizajes tan peligrosos. En el aterrizaje final, cuando oímos el crujido del hielo al detenerse el Cessna, estábamos empapados en sudor a pesar del frío bajo cero.

La ceremonia se acercaba a su fin. Se repartieron pequeños globos para que todos enviáramos mensajes en ellos a Roger. Cuando se abrió la enorme puerta del hangar, se reveló un cielo azul otoñal impresionante. El aire fresco era reconfortante en nuestros rostros hinchados por el llanto. Un Cessna despegó y se elevó hacia el cielo de otoño.

El plan era soltar los globos mientras sonaba la música favorita de Roger. Ese era el momento simbólico de la ceremonia. Todos sostenían las cuerdas de los globos, conteniendo la respiración en sus propios pensamientos. Pero, ya fuera por un error en la velocidad de la cinta o por algún otro motivo, la música comenzó a sonar apresuradamente, lo que provocó otra oleada de risas. Todo salió muy al estilo de Roger. Aun así, los globos se elevaron hacia el cielo azul.

Don estaba apoyado contra la pared del hangar. Sentí que ya podía hablar.

—Don, ha sido una buena reunión, ¿verdad?

—Sí, a Roger le habría encantado.

En unos días, Don tendría que volar de nuevo a la cordillera de Brooks. Yo también me dirigiría a la cuenca del río Kobuk para filmar caribúes. Nuestras vidas volvían a ponerse en marcha.

Ese año, las hojas amarillas eran realmente espectaculares. Aunque cada año vivimos el mismo otoño, ¿por qué los colores son siempre un poco diferentes?

Memorias del otoño del 93

EL ÁRBOL VIAJERO

Un día me topé con mi amiga Lorry en una tienda de suministros de carpintería en Fairbanks.

—Vaya. ¿Han pasado dos años? —le dije—. ¿Qué haces últimamente?

—Trabajo como carpintera —me contestó—. Aprovechando las habilidades que adquirí de niña. ¡Pero eso no importa! ¿Sabes cuántas veces te llamé en mayo? Debí de llamar a todo el mundo: «¿sabes dónde está Michio?». Quería contarte que Bill Pruitt ha vuelto a Fairbanks por primera vez en 30 años. ¿No has estado diciendo durante años que quieres conocerlo?

Bill Pruitt... El nombre me recordó al primer verano que pasé en Alaska. Sería 1979. Estaba en el Cape Thompson, un remoto cabo que se adentra en el mar de Bering, trabajando como único ayudante del ornitólogo David G. Roseneau en un estudio de campo sobre aves marinas. Los acantilados de Cape Thompson albergan la mayor colonia de aves del norte de Alaska: frailecillos cornudos, araos comunes y gaviotas tridáctilas. En un tramo concreto del acantilado anidaban las águilas reales, y cada día navegaba con Dave en una balsa hinchable sobre un trozo concreto del océano para comprobar con unos prismáticos el crecimiento de los polluelos. La población humana más cercana era Point Hope, una aldea costera inupiat situada a más de 50 km al norte, y el resto del tiempo lo pasábamos acampando en medio del gran mundo natural del Ártico.

Acompañar a Dave en esta expedición me proporcionó varias de las que considero mis experiencias formativas. Por ejemplo, mi primer avistamiento de una manada de caribúes, en el que los dos nos tumbamos boca abajo en la tundra y agitamos nuestros pañuelos para despertar su curiosidad. O aquel día que volvíamos de los acantilados al atardecer y una ballena gris emergió del mar justo al lado de nuestro barco con una ráfaga de agua pulverizada. O también cuando encontramos huellas de oso pardo en la playa, pero nunca lo vimos. Me alegré mucho de tener la oportunidad de pasar el primer verano de mi nueva vida en Cape Thompson. Era casi como si este reino lejano, alejado de los lugares habituales de la humanidad, me ofreciera un rito de iniciación.

Dave pasó su infancia en una aldea nativa del norte debido al trabajo de su padre y, además de conocer bien la flora y la fauna, era un narrador espectacular. Cuando caía la noche, escuchaba sus numerosas historias de los viejos tiempos en Alaska con las olas del océano Ártico rompiendo de fondo.

No recuerdo cómo surgió la historia de Bill Pruitt. Tal vez me pareció extraño que hubiera viejos edificios oxidados esparcidos por un pequeño y hermoso estuario en este cabo deshabitado y decidí preguntarle a Dave al respecto. En cualquier caso, Bill y Dave se conocían por ser compañeros biólogos. Y una noche, Dave empezó a contarme el papel que desempeñó este estuario en unos acontecimientos de magnitud histórica que en su día sacudieron Alaska y cambiaron la vida de Bill para siempre.

Corría el año 1960. Dirigida por Edward Teller, el «padre de la bomba H», la Comisión de Energía Atómica de Estados Unidos avanzaba en un plan experimental cuyo nombre en clave era Project Chariot. El objetivo era crear un puerto artificial en la costa noroeste de Alaska utilizando la potencia explosiva de las bombas atómicas. Aunque nadie en la nómina de la Comisión había pisado nunca Alaska, marcaron Cape Thompson en un mapa y esas ruinosas instalaciones que vi durante mi visita casi una década después fueron el resultado final.

Bill Pruitt, un joven investigador de la Universidad de Alaska, fue uno de los científicos contratados para realizar una evaluación medioambiental y de seguridad del plan. Como uno de los mejores biólogos de campo de la época, Bill desempeñó un papel pionero en los estudios de la fauna alaskeña, tomando su ilimitada fascinación por el Lejano Norte del naturalista Ernest Thompson Seton, a quien había leído con vehemencia de niño.

Con el respaldo de fuerzas políticas inexpugnables, la aprobación del Project Chariot había sido una conclusión evidente desde el principio. Se dice que la presión ejercida sobre las universidades era tan grande que todos los investigadores comprendieron tácitamente que cualquier crítica les costaría el puesto. No obstante, Bill se opuso al plan, alegando que probablemente causaría daños irreversibles al entorno natural y a las aldeas inupiat cercanas. Finalmente fue despedido de la universidad, pero sus acciones alertaron a los pueblos nativos del peligro y dieron lugar a un movimiento popular de protesta masiva. Era una época en la que los grandes proyectos nacionales eran prácticamente inmunes a la oposición. La lucha fue larga, pero al final, el Project Chariot, a pesar de los argumentos a favor de sus beneficios económicos, fue cancelado.

En retrospectiva, el Chariot supuso un punto de inflexión no solo para el estado de Alaska en general, sino también para los inupiat y otros pueblos del norte en particular, ya que fue la primera vez en la historia que sus diversas comunidades, dispersas por grandes extensiones de tierra aislada, se unieron como un solo pueblo y se enfrentaron a la injerencia exterior.

Bill se vio obligado a dejar atrás la tierra que adoraba y buscar empleo en universidades de otros estados, pero la Comisión se aseguró de que no conservara su puesto durante mucho tiempo, mientras que se decía que el FBI rastreaba su paradero. Finalmente abandonó América y emigró a Canadá, donde a una edad avanzada obtuvo una cátedra de zoología en la Universidad de Manitoba.

Fue un año después de que Dave me contara esta historia en Cabo Thompson cuando me di cuenta de que Bill Pruitt era William Obadiah Pruitt, el autor de uno de mis libros favoritos, *Animals of the North* (Animales del Norte). Este clásico de culto de la zoología, que es más una crónica de la vida salvaje de Alaska que un libro de texto de ciencia al uso, ya se había agotado en su momento y traté mi ejemplar con sumo cuidado.

El primer capítulo comienza con «El árbol viajero». Es la historia de una afortunada semilla de abeto que un día de principios de primavera cayó al suelo por el picotazo descuidado de un piquituerto[36] que se había posado en sus ramas. Por una serie de sucesos fortuitos, la semilla echa raíces en el bosque junto a un río y un día crece hasta convertirse en un enorme árbol. A lo largo de muchos años,

36 *Loxia curvirostra*, piquituerto común, también conocido como piquituerto colorado.

el río erosiona el bosque hasta que, por fin, le toca a este gran abeto situarse al borde de la orilla. Una primavera, el río se desborda con el deshielo y lo arrastra por el río Yukón hasta el mar de Bering, donde las corrientes árticas lo llevan hasta las orillas de la tundra. En este paisaje sin árboles, lejos de la exuberante región en la que brotó por primera vez, el abeto, ahora un trozo de madera a la deriva, se convierte en una especie de punto de referencia sobre el que un zorro marca su territorio, pero un cazador inupiat que acecha al zorro pronto tiende una trampa allí y… Este viaje continuo finalmente concluye dentro de la estufa de leña de una cabaña en la montaña, solamente para empezar de otra forma cuando el protagonista renace como humo que se eleva desde el aire en el que se consumieron los troncos.

La vívida fragancia del Lejano Norte que impregna cada página de este libro contribuyó sin duda a mi fascinación por la naturaleza de estas regiones. Treinta años después, tanto su autor como el proyecto que contribuyó a detener han desaparecido de nuestra memoria colectiva. Pero ahora, gracias a un acontecimiento inesperado, esta historia casi olvidada había vuelto a resurgir.

El verano pasado, un bibliotecario de la Universidad de Alaska estaba examinando los archivos del Project Chariot cuando descubrió hechos inéditos en un viejo documento. A pesar de la cancelación del proyecto, en Cape Thompson se había llevado a cabo un experimento ultra secreto con residuos nucleares que habían permanecido enterrados en el suelo desde entonces. Aunque la cantidad era minúscula, esta revelación, propia de la ciencia ficción, sembró el pánico en las comunidades inupiat de los alrededores y provocó un gran revuelo en todo el estado.

El año pasado llegó a mis oídos otra noticia que evocaba toda aquella polémica. El gobierno de Canadá había concedido a Bill la medalla del Northern Science Award Centenary. Ahora, según Lorry, estaba en la ciudad para visitar la Universidad de Alaska con motivo de una ceremonia de graduación en mayo, en la que se le concedería el doctorado honoris causa. Estaba claro que la universidad hacía un esfuerzo por disculparse tres décadas después. Pero la deuda que el mundo salvaje de Alaska y sus habitantes tienen con él quizá sea demasiado grande para poder expresarla jamás.

—Le hablé de ti —dijo Lorry, que era una vieja amiga de Bill, ya que había crecido al lado de su casa—. Le dije que hay japoneses a los que les encantan sus libros...

Sí, quería conocerle si era posible. Quería decirle unas palabras de agradecimiento. No al héroe que venció al Chariot, sino al naturalista que se entregó en cuerpo y alma al Norte.

CUANDO TENÍA DIECISÉIS

Habiendo tantos caminos para recorrer, ¿por qué estoy aquí? Cuanto más tratamos de explicar racionalmente por qué elegimos la ruta B en lugar de la A, más nos sumergimos en la reflexión. Quizás se deba a que la vida de cada uno está plagada de encrucijadas y la única forma de encontrar respuestas es retroceder y examinar cada una de ellas.

Mi primer viaje fue a Estados Unidos cuando tenía dieciséis años. A diferencia de hoy en día —que viajar al extranjero se ha vuelto algo común— Estados Unidos era entonces un país lejano y exótico al otro lado del Pacífico. Mi sueño era cruzar el océano en barco y recorrer América haciendo autoestop como un vagabundo. Era un plan que había acariciado en secreto desde la escuela secundaria. Cada vez que pensaba en ello durante las clases, mirando por la ventana del aula, sentía que mi cuerpo se calentaba. Sabía que allí me esperaban todo tipo de aventuras. Anhelaba romper la fina membrana que envolvía mi vida cotidiana y experimentar el mundo en toda su amplitud.

En mi cabeza, ya había decidido quién sería mi compañero de viaje. Un día, poco antes de la graduación, llamé a mi amigo a un rincón del patio escolar y le conté mi plan. Era algo en lo que había estado pensando durante mucho tiempo, así que ese día debía ser memorable. Sin embargo, ocurrió algo inesperado. El amigo, que yo esperaba que dijera: «eso suena genial, fijo lo tenemos que hacer», se quedó boquiabierto y no mostró ninguna reacción. Ahora que lo pienso, era de esperar, pero todavía recuerdo vívidamente la decepción que sentí en ese momento, como si toda mi energía se hubiera drenado de golpe. Fue hace veinticinco años.

Al entrar en el instituto, comencé a ahorrar dinero poco a poco trabajando a tiempo parcial. También busqué la manera de unirme a la tripulación de un barco de carga que se dirigía al extranjero a través de contactos conocidos en el puerto de Yokohama. Pensaba que tal vez podría encontrar trabajo lavando platos. Lo único que se me ocurría era ir por libre. Mis padres y las personas que me rodeaban no tomaban en serio mis planes. En ese entonces, que un chico de dieciséis años viajara solo a Estados Unidos era más que una locura, era algo inaceptable. Sin embargo, yo —siendo prácticamente un niño— estaba completamente decidido.

Finalmente, una persona comenzó a escuchar mi plan con atención. Mi padre. Me dijo que si realmente quería ir, él me ayudaría con la financiación. Para un asalariado como mi padre, no era una cantidad insignificante de dinero. Y como padre de un hijo de dieciséis, también era un riesgo pues se enfrentaba a muchas críticas de otras personas. Tal vez el niño no volvería sano y salvo... viajar al extranjero era irse muy lejos.

En el verano de 1968, zarpé del puerto de Yokohama en el Argentina Maru, un antiguo barco de inmigrantes que viajaba hasta Brasil. El hecho de cruzar el océano en barco en mi primer viaje me hizo sentir la escala real de la Tierra. La inmensidad y el azul del Pacífico eran abrumadores. Cada noche salía a la cubierta para observar la lluvia de estrellas y escuchar el sonido ondulante del océano. Tras días de ver solo mar, me invadió la sensación de que la tierra donde vivía era un refugio inestable y pasajero, y que el mar era la verdadera esencia de la Tierra. El mar me susurraba con infinita imaginación y la brevedad de la vida humana.

Dos semanas después, la ciudad de Los Ángeles apareció en el horizonte y el barco llegó a América. Mi única pertenencia era una mochila militar grande que colgaba de mi hombro. En ella llevaba una tienda de campaña, un saco de dormir, una estufa y un mapa de los Estados Unidos... todo apretujado.

El puerto marginal, alejado de la ciudad, estaba casi vacío y la tarde se acercaba. Sin conocidos, sin un lugar para pasar la noche y sin planes, podría haber decidido en ese momento ir hacia el norte o hacia el sur, como tirar un dado. No tenía que volver a ningún sitio esa noche, y nadie sabía dónde estaba... ¡Qué experiencia tan fresca para un adolescente! Sin un ápice de inquietud, mi pecho se hinchaba de una libertad que me hacía querer gritar.

Sin un lugar donde armar mi tienda en Los Ángeles, terminé pernoctando en un hostal barato en las afueras de la ciudad. Había gente de todo tipo, y el bullicio de las calles —con gritos provenientes de quién sabe dónde— me acompañó durante toda la estadía. Fue así como viví mi primera noche en los Estados Unidos.

Sin embargo, ahora que lo pienso, era una época tumultuosa en el país. Era una época marcada por los asesinatos de Kennedy y Martin Luther King, la Guerra de Vietnam y las revueltas raciales. Yo —sin conciencia social ni miedo al crimen— iniciaba mi viaje por el país americano con una arrogancia tal vez nacida de mi ignorancia.

Un día, al llegar al Gran Cañón, justo antes de la puesta de sol, la inmensidad del paisaje me dejó sin palabras. La escala de la naturaleza que allí presencié por primera vez, desde mi pequeña tienda de campaña, sembró una semilla en mi corazón. Una semilla que germinó lentamente y que, de alguna manera, me llevó a Alaska.

Por aquel entonces, un grupo de folk estadounidense llamado PP&M (Peter, Paul and Mary) estaba de moda en Japón. Yo tenía la descabellada idea de que al llegar a Nueva York los iría a ver, que incluso intentaría hablar con ellos en persona. Todavía recuerdo con un poco de vergüenza y nostalgia cuando me presenté en su oficina en Greenwich Village.

Las ciudades del sur que visité en el autobús Greyhound —como Atlanta, Nashville y Nueva Orleans— fueron impactantes. Al bajar del autobús, me encontraba en un mundo completamente afroamericano. El olor de la estación de autobuses Greyhound, una mezcla de baños, limpiabotas, *hot dogs* y hamburguesas, sigue siendo para mí un aroma nostálgico de Estados Unidos.

Y desde la ventana del autobús que atravesaba las llanuras americanas, observé innumerables atardeceres y amaneceres. Cada día, conversaba y me despedía de diferentes personas. Era algo obvio, pero me sorprendía la cantidad de gente que vivía en este mundo.

Cambié radicalmente de rumbo y entré a México, recorriendo las ruinas de antiguas civilizaciones hasta llegar al extremo de la península de Yucatán. Una noche, en el pequeño pueblo de Mérida, me perdí en las calles y, por más que caminaba, no lograba salir de los callejones sospechosos. Finalmente, una patrulla policial que pasaba me recogió y me llevó a mi alojamiento. Por primera vez, siendo un niño aún, sentí una tensión que me recorrió el cuerpo, una sensación de peligro.

En Canadá, haciendo autoestop, conocí a una familia que me recogió y con la que compartí un viaje de diez días. A pesar de que han pasado veinticinco años, aún mantenemos un vínculo como si fuéramos familia. El año pasado visité Edmonton, Canadá, donde viven, y recordamos juntos nuestro viaje de hace tanto tiempo. Belinda —que en ese entonces tenía siete años, se ha convertido en una actriz reconocida en Canadá— y Donald, que tenía doce años, es ahora camarógrafo de documentales. «Después de que aquel día nos cruzáramos con Michio en la carretera nacional, Belinda insistió en que volviéramos y le lleváramos», recuerda la anciana madre con cariño.

Gracias a los numerosos encuentros y la ayuda que recibí a lo largo del camino, pude completar mi viaje de dos meses con éxito. El día que llegué a San Francisco, mi destino final, brindé por mí mismo con una hamburguesa gigante y una Coca-Cola. Si hay algo como un músculo del espíritu, yo lo sentía palpitante dentro de mí.

Ahora, al mirar atrás, me pregunto si dieciséis años no era una edad demasiado joven para este viaje. Vivía cada día al máximo, con todos mis sentidos en alerta constante, y tal vez no tenía la capacidad de observar todo con detenimiento y absorberlo en mi interior. Sin embargo, nunca he vivido días tan emocionantes. La soledad me brindó la emoción de la adrenalina ante el peligro y la oportunidad de conocer a muchas personas. Cada decisión que tomaba ese día desencadenaba nuevos eventos, como si estuviera viviendo una historia sin guión. Era algo realmente sorprendente. Perder un autobús podía llevarme a una experiencia completamente diferente. En definitiva, la vida y los encuentros con los demás se resumen en eso, y el viaje me lo mostró con total claridad.

Pero esa no era la vida real. Al finalizar el viaje y regresar a mi país, me esperaba mi antigua rutina como estudiante de instituto en Japón. Pero conocer la inmensidad del mundo me liberó y me tranquilizó. No solo existía el lugar donde yo vivía. Había personas diversas con sus propios valores, viviendo una vida similar a la mía en lejanos países extranjeros. En definitiva, ese viaje me brindó por primera vez la perspectiva para relativizar el mundo en el que me había criado y en el que vivía ahora. Eso fue muy importante. Me fascina la diversidad del paisaje humano de Alaska, y siento que hoy estoy repitiendo el mismo proceso.

LA VIDA EN ALASKA

Domingo de principios de primavera. El día había comenzado muy ajetreado desde por la mañana. Sería la primera vez que organizábamos algo como una fiesta formal en nuestra casa, con invitaciones y todo. Sin embargo, aquí en Alaska, el nivel de formalidad es bastante bajo. Nadie se preocupa si vienes en vaqueros o con botas de agua a una reunión. En Alaska, la gente no suele prestar mucha atención a las apariencias o a los títulos. Eso sí, si ven a una persona quitarse la ropa, no faltarán las miradas curiosas e infantiles. Hacía un mes que nos habíamos casado en Japón, así que hoy era la recepción para los amigos de Fairbanks que no pudieron asistir a la boda.

Ya habíamos colgado globos en el abedul de la entrada de la casa, preparado la leña para la hoguera donde asaríamos el salmón y terminado de decorar las mesas tanto dentro como fuera... ¿Qué más nos quedaba por hacer? Es decir, vendrían a casa cerca de cien personas, incluyendo niños.

Para mi esposa, que había llegado a Alaska hacía poco y todavía no hablaba bien el inglés, esta fiesta era un importante acontecimiento. Por mi parte, yo quería que conociera cuanto antes a todos mis amigos de Alaska, tantos como fuera posible. Pensé que la mejor manera de que se acostumbrara a este lugar y llegara a quererlo era sintiendo a la gente alaskeña.

—Nadie espera que hables inglés a la perfección, así que no te preocupes por eso. Aunque creo que la gente notará así tu esfuerzo por integrarte en Alaska. —le dije, intentando darle un consejo de última hora algo extraño—. Puede que no entiendas el inglés, pero lo importante es que sonrías siempre.

Personalmente, también quería darle un toque final a mi relación con la gente de Alaska. Desde que me mudé aquí hace quince años, creo que he podido salir adelante gracias a la ayuda de muchas personas. Hace unos años puse fin a mi vida en una cabaña sin agua corriente ni baño, compré mi propio terreno y construí una casa. Es cierto que mi estilo de vida nómada no había cambiado realmente, pero eso también había sido consecuencia de echar raíces en Alaska. Y luego me casé. «¡Ahora sí que voy a vivir en Alaska de verdad! ¡Encantado de conoceros!», es lo que quería gritarles a voz en cuello. A lo largo de mis viajes por esta tierra, conociendo a tanta gente, poco a poco empecé a preguntarme: ¿Dónde quiero vivir?

Desde que decidí quedarme en esta tierra para siempre, mi forma de ver la naturaleza que me rodea ha ido cambiando poco a poco. Antes, la naturaleza de Alaska era como una naturaleza lejana a la que se podía llegar con un billete para ver una película de fantasía. Pero ahora es diferente. Por ejemplo, siento que mi corta vida está conectada de alguna manera con la del lobo que encuentro en la naturaleza. Y esto no solo me ocurre con los animales salvajes, sino también con las personas que viven en esta tierra. Eso es algo que quiero apreciar y celebrar.

Al llegar la tarde (aunque en esta época del año de noches blancas, el sol todavía está a una altura similar a la del mediodía), los invitados empezaron a llegar en masa. Era curioso y agradable ver a todos tan elegantes, algo poco común en Alaska. La fiesta era tipo *potluck*, es decir, que cada uno trae un plato de comida para compartir.

A la fiesta vinieron Fred Dean, un profesor de mis días en la Facultad de Vida Silvestre de la Universidad de Alaska, y su esposa Susan. Fred era un experto en osos con quien yo solía observar grizzlis en el Parque Nacional Denali todos los años. Susan había sido operada de cáncer hacía cinco años, y desde entonces Fred había dejado de lado las investigaciones de campo. Seguro que había estado muy preocupado por ella. Sin embargo, esta primavera lo había visto con nostalgia buscando osos con binoculares en las montañas Denali-Mckinley. Me alegró ver que Susan también estaba mucho más animada.

Vi también a Al y a su esposa, Gay, junto con su hijo, subir por la carretera. ¡Cuánto tiempo sin verlos! Al y yo éramos amigos desde la ceremonia de ingreso en la Universidad de Alaska. Todavía recuerdo vívidamente su imagen en la fila de admisiones de la Facultad de Ciencias Naturales. Con el pelo largo hasta los hombros, vestido con ropa de piel de alce, Al, que ya rondaba los cuarenta años, afirmaba tranquilamente su identidad indígena. Quizás por una conexión natural, nos hicimos amigos ese mismo día. A lo largo de nuestro viaje por Alaska, Al siempre estuvo a la puerta de un mundo extraño, y nos la abrió siempre que quisimos ver su interior. Pronto, Al también tuvo una hermosa boda en su pueblo, fue un día de otoño a orillas del río Yukón. ¿Podrían llevarse bien Al, criado en la naturaleza de Alaska, y Gay, una mujer blanca de Nueva York? Me preocupaba un poco, pero una nueva vida con dos culturas ya latía en el vientre de Gay, y ahora veía yo a su hijo, que había crecido tanto.

Siempre me fascinó la mirada amable de Al, como si estuviera observando atentamente el movimiento de todo lo que le rodeaba. Al siempre me transmitía la sensación de que hay muchas cosas que no son tan importantes. Un día, mientras charlábamos y el cielo nublado presagiaba lluvia, murmuré: «No me gustaría que lloviera hoy». Y la respuesta de Al fue: «No te preocupes, Michio, la lluvia cae cuando tiene que caer y se detiene cuando tiene que hacerlo».

Alfred vino a visitarme desde la aislada ciudad de Delta Junction. Un día de invierno, el motor de mi coche se averió mientras conducía por la autopista de Alaska y me quedé varado en medio de la naturaleza. Era un día terriblemente frío, con temperaturas que rondaban los -40 °C. Y fue Alfred quien pasó por allí. Dejó su trabajo del día por mí —un completo desconocido— y remolcó mi coche hasta el pueblo más cercano, a doscientos kilómetros de distancia. Terminé quedándome en su casa durante tres días hasta que repararon. Desde entonces, nos hemos vuelto como de la familia.

Luego llegó Don Ross, el piloto de *bush* que siempre me acompañó por el Ártico de Alaska. También apareció Mabel, una esquimal con la que solía ir a recoger arándanos en otoño; venía acompañada de su madre Susie, que ya debía rondar los ochenta años. La amistad entre el difunto antropólogo Okumasa Oka y el cuentacuentos tradicional Paniaq, difunto esposo de Susie, es una hermosa historia en sí misma. Por su voluntad, sus tumbas se encuentran una al lado de la otra en las tierras salvajes de la aldea de Anaktuvuk Pass.

Mientras observaba llegar a las distintas personas a la fiesta, me empecé a sentir muy extraño. Era como si los quince años de mi viaje por Alaska se reprodujeran en mi mente a cámara rápida.

Al final, nos acompañó también la lluvia y cerca de cien personas se refugiaron en mi pequeña casa, dando lugar a una fiesta con un ambiente libre y típicamente alaskeño. La gente hablaba sentada en las escaleras. La cocina, el recibidor y el área alrededor de la estufa estaban completamente abarrotados, pero yo me sentía feliz. Era la primera vez que organizaba una fiesta de este tipo...

Todos le ofrecían palabras de aliento a mi esposa, recién llegada de Japón. Probablemente, estaban un poco preocupados por el cambio radical de vida que había experimentado. La dureza del invierno en esta tierra, la vida sencilla de personas alejadas del bullicio de las ciudades... Muchas cosas que para mí y para los habitantes de Alaska eran cotidianas, para ella eran como beber agua por primera vez. Kim, mi amigo y camarógrafo, le hablaba a ella, que aún no dominaba bien el inglés, con palabras lentas y comprensivas.

—Escucha, Naoko, este es mi pequeño consejo: el frío calienta los corazones y la distancia une a las personas.

Kim repitió las mismas palabras dos veces, con calma. Mi esposa, que lo escuchaba atentamente, sonrió. Estoy seguro de que podrá adaptarse a la vida en Alaska.

EL RÍO EN EL QUE NACES

Lo fascinante del paisaje humano reside en que nuestras vidas se encuentran en un mismo escenario, unificadas por un punto común: el deseo de vivir una única existencia de la mejor manera posible. La diversidad infinita de formas humanas que surgen a partir de este deseo es lo que realmente nos cautiva.

Un día, a principios de primavera, visité a mi viejo amigo Bill Fuller, que vivía también en Fairbanks. No tenía ningún propósito específico para la visita, pero de vez en cuando sentía la necesidad de ver a Bill, quien este año cumpliría setenta y cinco años. Si los seres humanos somos criaturas que necesitan ánimos de vez en cuando para sobrevivir, yo sin duda los recibía de Bill. Cada vez que tenía algún tropiezo, solo con verle la cara me sentía reconfortado.

Nuestro héroe, Bill Fuller, no era alguien que hubiera logrado grandes hazañas ni ostentaba ningún título importante. Sin embargo, Bill era auténtico. Y quizás precisamente por eso era un verdadero héroe para aquellos que teníamos la suerte de conocerlo.

En el frío invierno de Fairbanks —cuando hace frío incluso con la calefacción del coche a tope— podrías ver a un anciano circular en bicicleta por ese mundo de 40 grados bajo cero, pedaleando con ligereza. Decía: «cuando la temperatura baja a -30, la adherencia entre los neumáticos de la bicicleta y la nieve es realmente excelente».

Pues ese era Bill Fuller. Incluso con temperaturas de alrededor de veinte grados bajo cero, Bill salía a la calle descalzo, con chanclas de goma y no era por estoicismo ni por entrenamiento para soportar el frío.

—¿Realmente no sientes frío? —le pregunté un día, ya harto de la situación.

—Ya ves, siempre ha sido así. Tengo buena circulación y mis extremidades son más calientes que las de la gente normal...

A finales de sus sesenta, Bill comenzó a aprender japonés. Memorizó más de seiscientos kanji y luego, con el espíritu de un estudiante veinteañero, emprendió un viaje en bicicleta desde Hokkaido hasta Kyushu. Seguramente, las personas que conoció en el camino lo miraban con asombro, pues era un anciano con un espíritu tan libre como el viento.

Por otra parte, dudo que exista una pareja de ancianos que viva con tanta sencillez como Bill y su esposa Nancy. Incluso en esta ciudad donde la gente sigue hablando de cómo quieren vivir con agua corriente después de casarse, Bill y Nancy —los dos mayores de setenta años—, probablemente, sean las únicas personas que viven sin agua corriente. Solo un pequeño depósito de agua está cuidadosamente colocado en la cocina. Al observar su hogar de apenas quince tatamis,[37] uno se da cuenta de que el ser humano puede vivir con tan poco. La vida de Bill nos habla de la

37 El tatami es una estera rectangular tradicional japonesa que, generalmente, tiene unas dimensiones aproximadas de 90 cm por 180 cm. Además de su función como superficie de suelo, los tatamis también se utilizan como una unidad de medida para determinar el tamaño de una estancia, aunque estas medidas pueden variar ligeramente según la región japonesa.

ligereza con la que debemos transitar por la existencia. En otras palabras, nos muestra la esencia de una vida exitosa en términos personales, alejada de las medidas convencionales de la sociedad. Quizás Bill, con su discreta presencia, nos esté enseñando el verdadero significado del éxito personal.

Nacido en Massachusetts en 1919, Bill había vivido una vida llena de experiencias diversas antes de llegar a Alaska. Desde su juventud, se interesó por la navegación astronómica, lo que lo llevó a trabajar como marinero en barcos mercantes que cruzaban el océano. También fue tripulante en los primeros vuelos de la aerolínea Pan American, guiándose por las estrellas. Se dice que después de la guerra trabajó junto a campesinos mexicanos en las plantaciones de caña de azúcar del sur, y en California se convirtió en un hábil fabricante de velas gracias a su destreza manual. Incluso se habla de que su talento para el baile —que había cultivado durante años tomando lecciones— le valió la oportunidad de actuar en un escenario de Nueva York, aunque esa suerte se vio truncada por una fractura de esquí. Luego, motivado por su pasión por el conocimiento, Bill obtuvo un máster en fitopatología en la Universidad de California.

¡Qué vida tan diversa! Mientras que la mayoría de las personas se esfuerzan por lograr algo en la vida, Bill simplemente vivió la suya tal y como es. ¿Sería eso vivir siguiendo la corriente del río en el que naces?

Bill solía decir: «Creo que todos comenzamos viviendo así. Sin embargo, a una edad sorprendentemente temprana, abandonamos esa corriente y tratamos de llegar a la orilla».

Bill, quien visitó Alaska por primera vez en 1970, quedó completamente cautivado por esta tierra y decidió establecerse en ella para siempre. Junto a su esposa Nancy, que era trabajadora social, se mudaron a un remoto pueblo en medio de la naturaleza, donde Bill desempeñó diversos trabajos. Conocí a Bill cuando ambos habían dejado sus diferentes ocupaciones y se habían mudado a Fairbanks en sus últimos años.

Incluso después de jubilarse, Bill siguió dedicando su tiempo a actividades voluntarias. Enseñaba música a niños de preescolar, inglés a estudiantes extranjeros de la Universidad de Alaska, asistía con regularidad a las reuniones de baile social de la ciudad y mantenía viva su pasión por aprender nuevos idiomas, como el japonés y el español. Si envejecer significa adoptar una postura defensiva en términos materiales y financieros, Bill, por el contrario, siempre canalizó su energía hacia el presente.

Lo que me cautiva de Bill es la dureza y la tristeza que se esconden detrás de sus ojos llenos de energía y amabilidad. No ha sido una vida fácil y llena de alegrías. La muerte de un hijo —que nunca menciona— y la de su hermano menor —que quedó en silla de ruedas tras un accidente— son solo algunos de los golpes que ha recibido. Mirar a Bill me hace pensar que envejecer profundamente significa haber estado en muchas encrucijadas de la vida y haber aprendido a llevar consigo las diferentes tristezas con respeto y dignidad.

Al girar por Cranberry Road, la carretera se convierte en un camino desvencijado y nos adentramos en el bosque de abetos negros donde vive Bill. La primavera ya está cerca. Me encuentro a Nancy, su esposa, que camina con un plato en la mano, regresando tal vez de visitar a algún amigo cercano.

—¿Está Bill en casa?

—¡Vaya, cuánto tiempo! Bill está estudiando español en su habitación, ¡seguro que se alegra de verte!

El camino se estrecha aún más y algunas cabañas de troncos —como de la época de la colonización— se asoman entre los árboles. En esta zona viven muchos jóvenes que abrazan el estilo de vida tradicional de Alaska. Al observar cómo los jóvenes interactúan con Bill, me doy cuenta de que no conozco a ningún otro anciano que pueda cruzar tan fácilmente las barreras generacionales. En este bosque hay una red de voleibol comunitaria, y durante la temporada de noches blancas, se organizan partidos todos los miércoles hasta la una de la madrugada. Me han invitado varias veces, y por supuesto, Bill es un asiduo y figura clave del grupo.

En el fondo del bosque, como en un callejón sin salida, se encuentra la pequeña casa de Bill y Nancy. Hay una vieja piel de oso que cuelga de la pared, una ducha improvisada que recoge el agua de lluvia y la calienta con energía solar, un pequeño huerto que cuida Nancy, una bicicleta que ha servido de transporte a Bill durante seis o siete años, aunque ya ha visto mejores tiempos... El estudio de Bill está en el segundo piso de un nuevo cobertizo. Rodeado de abetos, se sube por una escalera exterior lo que le da un aire de casa en un árbol.

—¡Bill, no me echarías de menos!

—¡Michio!, ya ni siquiera me sorprendes...

—¿Estás con el español?

Siempre me siento aliviado al ver la sonrisa cariñosa de Bill. Los diccionarios y libros de texto sobre la mesa se hojean solos con la brisa de mayo que entra por la ventana. Alrededor del comedero colgado de una rama de abeto, carboneros y jilgueros revolotean cantando sus canciones primaverales. Una vez más, ha llegado una nueva estación.

Aunque ha ralentizado el ritmo, hasta hace poco Bill estaba absorto en el aprendizaje del japonés. No puedo evitar preguntarme: ¿en qué se convertirá el tiempo que me queda de vida?

—*Haru ga kimashita!* —me dijo Bill de repente en un torpe japonés, y luego, como para confirmarlo, comenzó a escribir en un papel—. ¿Así es como se escribe el kanji *haru*, Michio?[38]

Incluso si el mundo se acabara mañana, plantaría un manzano hoy... La existencia de Bill siempre me cuestiona el significado de vivir una vida plena y afirmativa.

38 El kanji para *haru* (primavera) es 春. *Haru ga kimashita* (ハルガキマシタ) puede traducirse como «ha llegado la primavera».

SOPA DE CARIBÚ

Sentado dentro de la cabina de un Cessna, intentaba equilibrar cuidadosamente con ambas manos un recipiente lleno de sopa de caribú. Ocasionales turbulencias sacudían el pequeño avión y yo ajustaba mi envase lo mejor que podía para no derramarlo. A juzgar por el leve olor que se percibía en ese reducido espacio, ya se había escapado una pequeña cantidad del contenido.

Volvía a Fairbanks desde el pueblo ártico de Ambler, donde me había alojado con un amigo inupiat y su familia. Justo antes de despegar, me había pedido que le llevara la sopa a su hija, que estudiaba en la ciudad, en mi antigua *alma mater*, la Universidad de Alaska. Todavía estaba caliente al tacto.

Apreté la cara contra el cristal de la ventanilla y contemplé el paisaje salvaje que se extendía por debajo, recordando algo que había sucedido en el pasado. Debió de ser hace quince años, cuando aún estaba en la universidad.

El conserje de la residencia en la que vivía se puso en contacto conmigo un día para preguntarme si un estudiante inupiat podía mudarse conmigo. Al parecer, nunca se había llevado bien con su anterior compañero de habitación, que era blanco, y finalmente se había largado. El 20% de los estudiantes de la Universidad de Alaska eran nativos y, como la asignación de habitaciones se decidía al azar, a menudo acababan viviendo con estudiantes blancos. Por desgracia, las estrechas habitaciones de la residencia no parecían adecuadas para la convivencia de extraños que se habían criado de formas tan radicalmente distintas, por lo que esta disposición solía provocar conflictos.

El chico inupiat que un día entró tímidamente por la puerta de mi habitación con una bolsa Boston colgada del hombro se llamaba Willard. En cuanto me vio, algo en él pareció relajarse. Nuestros orígenes eran diferentes —yo era de un suburbio de Tokio y él de un pueblo del interior de Alaska—, pero mi cara, que podría confundirse con la de un nativo norteamericano por nuestra ascendencia asiática común, pareció tranquilizarle.

Cuando Willard y yo empezamos a vivir juntos, nos fuimos haciendo amigos. De vez en cuando sus padres le enviaban paquetes de comida y él siempre se aseguraba de repartir una ración para mí. A veces era salmón ahumado, arándanos o carne seca de alce y caribú; una sustancia blanca embutida en una botella era manteca de oso. La cogía con los dedos y se lo comía como si fuera un manjar. Cada vez que llegaban estas provisiones, casi podía sentir el viento de las estaciones soplando en su aldea.

Pasado algún tiempo, Willard me dijo que quería dejar la escuela y volver a casa. Este tipo de abandono es habitual entre los estudiantes nativos, a menudo porque tienen problemas para adaptarse al nuevo entorno o no pueden seguir el ritmo de las clases.

—Después de haber llegado tan lejos —le dije—, ¿por qué no aguantas un poco más?

Pero a pesar de mis esfuerzos por animarle, Willard hizo las maletas de repente un día y volvió a su pueblo. No supe nada de él hasta una semana después, cuando recibí una llamada en la residencia.

—Acabo de volver de la caza —dijo—. He cazado un oso.

Willard nunca había sido muy hablador, pero se había tomado la molestia de llamarme solamente para decirme eso. El sonido de su voz me recordó a un pájaro liberado de su jaula, y empecé a pensar que tal vez había sido la elección correcta para él después de todo.

—Algún día iré a visitarte— le dije.

—Claro. Estaremos encantados de recibirte cuando quieras.

De pie en el silencioso pasillo de la residencia, pude sentir la inmensidad de la naturaleza al otro lado del teléfono.

Poco después, empecé a viajar por Alaska y a visitar muchas comunidades, donde aprendí sobre la cultura de los pueblos cazadores que hasta entonces me eran desconocidos. Recuerdo una ocasión en particular en la que me encontraba con un grupo inupiat sobre una formación de hielo en el mar de Bering, observando una enorme bandada de eiders reales[39] que migraban desde el sur. Mientras yo estaba cautivado por la hermosa formación en la que volaban estos patos marinos, señal de la llegada de la primavera, mis compañeros se relamían, con las armas preparadas y la cabeza llena del tan esperado sabor de la sopa de pato. Esta brecha en nuestras percepciones de la naturaleza me pareció curiosa, y me encontré cada vez más fascinado con su perspectiva.

Un acontecimiento que me impresionó profundamente fue la caza de ballenas que presencié en Point Hope. A través de trozos de agua de mar helada que llenaban grandes grietas en las capas de hielo, los nativos remaban

39 *Somateria spectabilis.*

en su umiak hecho de piel de foca en busca de su presa leviatán. Fue una experiencia inolvidable que no puedo describir con palabras. Lo que más me impresionó fue la sacralidad con la que imbuían a las ballenas que mataban, rezando una oración antes de descuartizar el cuerpo y realizando el ritual de devolver al mar el cráneo sobrante. Otras prácticas culturales que observé, como la caza del caribú y el alce, ofrecían atisbos similares de la forma en que interactuaban con la naturaleza.

Aunque frases como «conservación de la fauna salvaje» y «bienestar animal» nunca me han resultado atractivas, llevo muchos años reflexionando sobre el modelo de los pueblos cazadores y creo que su modo de interactuar con la naturaleza es la clave para entenderlo. La cuestión que quiero plantear tiene que ver con las circunstancias a las que todos los pueblos cazadores no tienen más remedio que someterse. Un ejemplo son las grietas en la capa de hielo que acabo de mencionar, que se conocen como *leads* y que son importantes para la caza inupiat de ballenas. Los *leads* se forman en primavera, cuando la superficie helada del mar de Bering comienza a fracturarse gradualmente debido a la fuerza de las corrientes y el viento. Para que se produzca la caza, no pueden ser ni demasiado grandes ni demasiado pequeñas y, sin embargo, el hielo cambia constantemente, a menudo cerrándolas ante sus ojos. En otras palabras, la caza de ballenas solo es posible cuando se da una determinada conjunción de condiciones naturales de la forma adecuada, y este supuesto es común a todos los pueblos cazadores. Además, la contingencia intrínseca al modo de vida cazador inculca a estos pueblos un cierto tipo de realidad espiritual, expresada en la creencia de que la existencia humana se sustenta en cierto modo en lo que está fuera de nosotros. ¿No es ese el estado de ánimo inconsciente que entra en juego en interacciones tan primigenias como el encuentro con un alce en un bosque o el lanzamiento de un arpón a una ballena?

Permanecer en la existencia es hacer la interminable elección diaria de a quién sacrificar para poder sobrevivir, ya que la esencia de todos los seres sensibles es matar y comerse al otro. Aunque este pacto está oculto en la vida moderna, los pueblos cazadores deben enfrentarse a él sin inmutarse. Por «pacto» entiendo «el olor de la sangre», que es intercambiable con la palabra «dolor», el mismo dolor del que seguramente surgieron los mitos de la antigüedad.

Mediante rituales y regalos a los animales que sacrifican, los cazadores favorecen a sus espíritus y rezan para que vuelvan a convertirse en sacrificados. De este modo prestan atención a la tristeza tácita que es una ley de nuestro mundo. Mientras nosotros no hagamos lo mismo, ninguna caminata por montañas y campos, ni ninguna reflexión en nuestros sillones, nos permitirán comprender realmente la relación entre la humanidad y la naturaleza. Al tomar la vida del otro que habita nuestra tierra y llenarnos de su sangre, los seres humanos formamos una conexión más profunda con la Tierra. Y quizá nuestra separación mental de la naturaleza pueda remontarse al momento en que dejamos de realizar tales actos.

Mis recuerdos se interrumpieron cuando el Cessna aterrizó en Fairbanks. Este servicio de reparto de sopa de caribú había atravesado más de 500 kilómetros de pura naturaleza. Inmediatamente llamé a la hija de mi amigo.

—Jennifer acabo de volver de Ambler con algo que tu padre me pidió que te trajera. ¿Puedes adivinar lo que es?

Al otro lado de la línea, Jennifer se lo pensó un rato. La carne de la sopa procedía de un caribú capturado por su hermano Alvin. Para entonces ya se había enfriado del todo, pero estaba seguro de que aún repondría el cuerpo de Jennifer con la sangre de las tierras salvajes que ella añoraba.

EL PUEBLO DE LOS CASTORES

La ventanilla de la avioneta estaba caliente por el calor del sol y yo lo sentía porque tenía mi frente apoyada contra ella hace un rato. El río Yukón, apenas descongelado, brillaba como una serpiente por la tierra. Los innumerables lagos y estanques que veía desde la altura no tienen ni siquiera nombre; probablemente nadie se ha detenido nunca en esas orillas. Una naturaleza que existe por sí misma, sin relación con el mundo humano. Siempre me ha fascinado la extensión sin sentido de Alaska.

A veces me dejo llevar por fantasías como esta: ¿Qué habría pasado si los anglosajones no hubieran llegado al continente americano? ¿Y si estas tierras hubieran permanecido como un mundo aislado solo habitado por indígenas y esquimales? ¿Habrían creado también ellos una civilización moderna como la nuestra algún día? Aunque sea a distinta velocidad, ¿el destino de la vida humana es cambiar continuamente? La historia es un acontecimiento único sin opciones. Aunque no sirva de nada pensarlo, reflexiono más y más sobre el tiempo en que las personas vivían en armonía con la naturaleza —es decir, apenas una o dos generaciones atrás— y me quedo perdido imaginándolo.

El Cessna había cruzado el río Yukón y se dirigía al pueblo indígena atabascano de Chalkyitsik. Allí nos encontraríamos con David Salmon, un indígena que este año cumplía ochenta y tres años. Durante los próximos dos años, planeábamos visitar a los ancianos atabascanos para escuchar las historias de un pueblo que está por extinguirse. Iba acompañado de mi amigo indígena, Walter Newman, y yo. Chalkyitsik era el primer pueblo de ese viaje.

«Pescar con anzuelo» es lo que traduce *chalkyitsik* en lengua atabascana gwich'in. Era una aldea pequeña de aproximadamente cien personas a lo largo del Black, río que fluye desde la cordillera de Brooks. Sin duda, en el pasado, aquí había abundancia de peces de río. Como ocurre en muchos pueblos indígenas del interior, la mayoría de las casas eran pequeñas cabañas de troncos. Comparado con los pueblos esquimales de la costa, que se habían transformado en casas modernas, este pueblo ofrecía un paisaje encantador para los forasteros.

David Salmon era el segundo jefe más importante en el mundo atabascano de Alaska, un líder espiritual para su gente. Sus ojos —que miraban fijamente a los demás— irradiaban calidez y su expresión reflejaba una dignidad humana. Era el rostro de alguien que había vivido toda una época. Desde el primer momento, me agradó este anciano. Ya viudo, David vivía solo y nosotros nos alojaríamos en su cabaña.

La distribución de los nativos de Alaska, a grandes rasgos, puede dividirse así: los esquimales viven en la costa y los atabascanos en el interior. Me enteré de que la sangre que corría por las venas de Walter —quien había crecido en el pueblo indígena de Beaver— era en realidad esquimal, cuando mencionó el nombre de Frank Yasuda. En 1907, un japonés lideró a la gente de un pueblo esquimal azotado por el hambre en una épica travesía de dos años a través de las tierras del Ártico, hasta llegar al actual poblado indígena de Beaver. El padre de Walter, que era un niño en ese entonces, participó en ese viaje. Walter había escuchado esta historia de su viejo padre y la recordaba como si fuera suya. Además, él mismo pasó su infancia en el pueblo de Beaver junto al anciano Frank Yasuda. El conocimiento histórico y el interés por su propio pueblo probablemente derivaban de esa experiencia.

—David, cuéntanos una historia —le dijo Walter a modo de saludo, lo cual hacía siempre cuando se encontraba con un anciano y me resultaba curioso. Aunque quizás, en tiempos remotos, este era un protocolo importante en la vida diaria de las personas.

Aunque ya era de noche (en este caso, noche blanca), escuchamos las historias de David. A pesar de que había pasado la medianoche, se oían voces de aldeanos y niños alrededor. Era verano en el extremo norte, donde el tiempo parecía haberse detenido.

—Desde tiempos antiguos —relataba David su historia—, los indígenas solo pensaban en tres cosas: la tierra, los animales y las personas... Es decir, sobrevivir. La riqueza, eso no era algo importante... Y, además, estábamos divididos en tres grupos. Los Mejores Indígenas, los Indígenas Medios y los Indígenas Esclavos. En mis venas corre la sangre de Indígena Esclavo. Los Mejores Indígenas eran aquellos que llegaron primero a estas tierras hace mucho, mucho tiempo, y su piel era mucho más oscura. Ellos dirigían todas las órdenes necesarias para sobrevivir, y la gente las seguía...

—¿Cuándo fue eso, abuelo? ¿Desde dónde vinieron?

—Hace miles y miles de años —respondió el viejo—. La gente vino desde Siberia.

Por primera vez conocí a alguien que era consciente de Beringia —el paso de tierra que se hundió en el mar—, no simplemente como un dato curioso, sino que lo sentía en su propio cuerpo.

—¿Los Mejores Indígenas eran los más ricos? —le preguntábamos—. ¿Existían clases sociales entonces?

—No, no tenía nada que ver con la riqueza. Cuando el pueblo estaba en una encrucijada, eran ellos quienes decidían la dirección a tomar para sobrevivir...

¿Cuántas veces habré oído la palabra «sobrevivir» en las historias de David?

—La gente siempre consultaba a los animales para eso. Dependiendo de qué animales cazaban, los humanos también cambiaban. El movimiento de los indígenas del pueblo de Old Crow era como el del caribú. Eso se reflejaba claramente cuando bailaban. Los indígenas del río Yukón eran los más fuertes. Comían salmón real que nadaba contra la corriente... Nosotros somos el pueblo de los castores. ¿Te diste cuenta de que los habitantes de Chalkyitsik hablaban en voz baja? Eso es porque comían castores y vivían como castores...

Recordé el cadáver de un castor que había visto en el almacén junto a la entrada de la cabaña.

En los tiempos antiguos, cuando la gente vagaba en busca de animales, durante los viajes en el frío invierno, los más rápidos llevaban el fuego. Al dirigirse al siguiente campamento, uno de ellos salía primero y preparaba varias hogueras en el camino. Y cuando todos partían, el más rápido recogía un trozo de leña del fuego restante y corría hasta el siguiente lugar para encender una hoguera. Así, poco a poco, llevaban el fuego hasta el siguiente campamento. Encendían el fuego con polvo de los tallos de álamo y piedras, pero en el frío de cincuenta grados bajo cero, eso era muy difícil. Por eso, una vez que conseguían fuego, lo transportaban con mucho cuidado.

Otra tarde, su nieta de ocho años, Shelley, vino a visitarlo. David se sentó en una silla a contarle antiguas historias.

—Hace mucho, mucho tiempo, había una mujer que sobrevivió a una guerra entre tribus. Mira, allá, más allá de las montañas, hay un valle llamado Eagle Creek. La mujer comenzó a vivir allí sola, pescando...

Shelley, una niña de la era moderna, escuchaba atentamente. Me quedé un rato embelesado con esa escena. ¿Será que algún día, cuando esta niña sea madre, transmitirá las historias de este día a sus propios hijos?

—¡Abuelo, volveré otra vez!

Al verla correr fuera de la cabaña, se podía percibir el respeto que esta niña sentía por el anciano. Fue un momento curioso, en el que se cruzaban los que están por partir y los que seguirán viviendo.

Desde una colina en las afueras del pueblo, se podía ver la vasta y continua naturaleza virgen de principios de primavera extendiéndose hasta el horizonte. La inmensa extensión intacta de esta tierra, que siempre me había fascinado, ahora se veía algo diferente. El encuentro con un anciano indígena había dado voz al paisaje. La naturaleza virgen, que pensaba que nunca había sido visitada, en realidad había sido transitada por muchas personas. Mientras me dejaba llevar por la agradable brisa del extremo norte, recordé un pasaje de un libro que había leído alguna vez: «Toda materia es un fósil, y el pasado no es un único pasado. Cuando el viento nos envuelve por completo, podemos imaginar que son viejas historias las que soplan. El viento es el fósil verdadero, tan suave que cuesta creerlo».

LA TRAVESÍA DE UNA FAMILIA

Recientemente, recibí una carta de Pat después de mucho tiempo:

> «Michio, ¿cómo te va? Estoy recorriendo Estados Unidos en coche. Aún no he decidido dónde viviré finalmente, pero estoy segura de que para el otoño ya lo sabré. Kevin se alegró mucho de verte en la exposición fotográfica de Pittsburgh... ».

Ha pasado un año desde que Pat McCormick se fue de Alaska. Sus hijos ya se han mudado a la parte continental de los Estados Unidos, excepto por su hija Karen, quien se convirtió en veterinaria aquí. Kevin, el segundo hijo, había terminado su doctorado en la Universidad de Cornell y era un joven y brillante químico.

Conocí a la familia McCormick hace ya quince años. Fue el primer año que me mudé a Alaska...

Un día de otoño, en las montañas del Parque Nacional Denali, me encontré con un lobo. Era la primera vez que veía uno. Mientras lo seguía con la pesada mochila a cuestas, desapareciendo por el valle, me topé con dos jóvenes.

—Acabo de ver un lobo cerca de aquí —les dije.

—Nosotros también. Parece que estábamos siguiendo al mismo —respondieron.

Era la época del deslumbrante follaje otoñal. Nos presentamos tímidamente. Eran hermanos, Kevin y Paul, y acababan de mudarse a Alaska con su familia desde Massachusetts. El mayor, Kevin, me dijo que regresaba a Fairbanks ese día para el nuevo semestre de la Universidad de Alaska, que comenzaba en otoño. Yo también acababa de ingresar a la misma universidad.

—¿En qué facultad estás? —le pregunté.

—En la de Facultad de Ciencias Naturales —respondió.

—¡Ah, entonces somos del mismo departamento! —exclamé.

Ese fue mi primer vínculo con la familia McCormick.

Al tomar las mismas clases, poco a poco nos fuimos haciendo amigos. A diferencia de los demás estudiantes, un poco bruscos, Kevin era algo tímido y desprendía calma y elegancia. Pensé que tal vez era la esencia conservadora del este de Estados Unidos. Más tarde, me enteraría de que los McCormick eran una familia extremadamente brillante, y Kevin, de hecho, terminaría graduándose con honores en dos carreras: Ciencias Naturales y Química. Sin embargo, curiosamente, al ver a Kevin, no parecía importarle en absoluto el rendimiento académico. Siempre que podía, agarraba su mochila junto a su hermano Paul y se adentraba en la naturaleza de Alaska. No solo Kevin, sino toda la familia McCormick parecía buscar algo especial en esta tierra.

Con el tiempo, también me hice amigo de Pat, la madre de Kevin. Al principio, me inquietaba su aparente rigidez, pero no podía identificar la causa. Sentía que ella mantenía una puerta cerrada en su corazón. Unos años después, Kevin me contó la historia de su familia, incluida la razón por la que se habían mudado a Alaska...

Su padre, químico, había fallecido en un accidente aéreo hacía mucho tiempo y su madre, Pat, tuvo que criar sola a cinco hijos. Entre ellos estaba Sheryl, quien estudiaba chino en la Universidad de Columbia. Siendo parte de la brillante familia McCormick, Sheryl también era una estudiante excepcional, incluso considerada como candidata para ser la intérprete de chino del presidente de los Estados Unidos.

En la primavera de 1979, Sheryl fue víctima de un asesinato. Al parecer, el asesino era su novio. Dos meses después, Pat decidió llevar a los cuatro hijos que le quedaban y se embarcó en un viaje en coche hacia Alaska. Tenía la intención de dejar Massachusetts por un año y pasar el invierno en Alaska.

Pero pasaron más de diez años.

Al regresar de largas expediciones fotográficas, solía cenar con la familia McCormick y compartir historias de mis viajes. Pat siempre escuchaba con los ojos brillantes. Y no solo eso, sino que también comenzó a explorar la naturaleza de Alaska por su cuenta, con la ayuda de Kevin y Paul. Incluso se aventuraron a acampar en la tundra del Ártico para observar la migración de los caribúes. Para Pat, que debería haber vivido como una madre en una conservadora familia de la costa este de Estados Unidos, aquello debió de ser una gran aventura. Poco a poco, empezó a romper su caparazón.

En una ocasión, una revista japonesa me pidió que escribiera un artículo sobre por qué la gente viene a Alaska. Diferentes personas con sus propias historias, buscando algo, llegaban a Alaska. De repente, pensé en Pat. Decidí no hacerle ninguna entrevista y escribir basándome solo en mi imaginación, porque yo mismo tenía también una pequeña historia que resonaba con esos sentimientos.

A los veinte años, el accidente de un amigo íntimo en la montaña me hizo darme cuenta de lo corta que es la vida humana, y de cómo puede truncarse en un solo día. Aprendí que no vivimos en el tiempo marcado por calendarios o agujas del reloj, sino en uno más vago y frágil: el tiempo de nuestras propias vidas. Cuando realmente entiendes que tu tiempo es limitado, eso puede convertirse en un gran poder para vivir. En última instancia, ese accidente me dio el impulso para regresar a las tierras salvajes alaskeñas. Fue entonces cuando empecé a interesarme de verdad por la naturaleza. Anhelaba conectar con la inmensidad de la naturaleza. Intuía que de ella podría obtener alguna respuesta importante. Probablemente, lo que buscaba era obtener fuerzas de la grandeza natural de Alaska. No podía evitar sentir que esa búsqueda coincidía con los sentimientos de Pat.

Terminé el artículo y se lo conté a Pat. Ella nunca me había hablado de su hija Sheryl, y se sorprendió mucho al saber que conocía su historia. Me pidió que le tradujera, en ese mismo momento, el texto del japonés al inglés.

Me invadió la duda sobre la precisión con la que podría transmitir mis sentimientos, pero hice la traducción lo mejor que pude. Pat escuchó en silencio, sin hacer un solo comentario, solo derramando lágrimas. Incluso sentí remordimiento por irrumpir en su corazón de esa manera. Pero al final Pat me dio las gracias.

El invierno pasado, organicé mi primera exposición fotográfica en la ciudad de Pittsburgh, en el este de Estados Unidos. En la fiesta de inauguración, me encontré con un rostro familiar. Kevin —quien había seguido los pasos de su padre y se había convertido en químico— había viajado desde Nueva York para estar presente. Era tan tímido como siempre, pero parecía muy feliz, con su recién casada esposa.

Recordamos con nostalgia el día de otoño en que nos conocimos mientras perseguíamos a un lobo. Habían pasado ya siete años desde que Kevin se mudó a Nueva York, y Alaska se había convertido para él en una tierra lejana. Sin embargo, la naturaleza de Alaska parecía haber otorgado fuerza a cada miembro de la familia McCormick, no solo a Pat. Kevin me contó que su madre estaba ahora viajando en busca de un nuevo hogar. Sentí que la familia McCormick estaba entrando en una nueva era.

> «... Siento mucho no haber podido ir a la exposición fotográfica, pero he leído la carta de Kevin y me ha contado todo con detalle. Parece que los niños han comenzado a vivir sus propias vidas. Ah, por cierto, fui a África por primera vez esta primavera, aunque fue en una excursión. La naturaleza es muy diferente a la de Alaska, pero he visto muchos animales salvajes... Supongo que sigues ocupado sacando fotografías. Cuídate mucho. Te avisaré cuando decida dónde voy a vivir. Hasta pronto».

OLIMPIADAS ESQUIMALES

Cada año, en julio, se celebran las Olimpiadas Esquimales[40] en Fairbanks. Gente de todos los pueblos de Alaska se reúne para competir en diversos juegos tradicionales. Desde un juego en el que dos personas se atan una cuerda a las orejas y tiran hasta que uno se rinde, hasta una competencia de patadas altas donde se mide la altura a la que se puede patear una pelota... Son unas olimpiadas muy peculiares y divertidas. Pero el plato fuerte llega con las danzas tradicionales que cada pueblo esquimal presenta. En la noche, el enorme recinto cubierto del centro de la ciudad se llena de miles de personas; no solo esquimales, sino también habitantes de Fairbanks y de todo Alaska, así como numerosos turistas del continente americano. Esta reunión anual permite a los indígenas de Alaska reafirmar su identidad y demostrar su existencia.

En la mañana del primer día de las competencias —que se extienden por cuatro días— recibí en mi casa una llamada de un viejo conocido.

—¿Mirigirok? —alguien me preguntaba del otro lado—. Sí, soy yo. Soy yo. ¡Earl! ¡Earl Kingick!

40 En inglés, World Eskimo Indian Olympics (WEIO).

«Mirigirok» era el nombre esquimal que me dieron hace mucho tiempo en el pueblo de Point Hope. Earl Kingick, uno de mis compañeros de caza de ballenas, me estaba llamando. Estaba en Fairbanks con la gente de Point Hope.

—He estado buscando tu nombre en la guía telefónica desde la mañana —continuó Earl—. No es de extrañar que no lo encontrara; ¡no recordaba tu apellido!

Me reí a carcajadas en el teléfono. ¿Cuánto tiempo le habrá llevado encontrar mi nombre?

—Esta noche, los de Point Hope tienen un baile en la ceremonia —me decía —y el ensayo es hoy por la tarde en la Universidad de Alaska. A John y Molly les encantaría verte. ¡Bueno, Mirigirok, nos vemos!

En inglés hay una expresión que dice *it made my day*. Significa que ese pequeño acontecimiento hizo que te sintieras pleno y que tu día se completara. Quizás así es el corazón humano. Qué felicidad saber que alguien a quien conociste hace mucho tiempo aún te recuerda con cariño.

Han pasado trece años desde que participé en la caza esquimal de ballenas en el pueblo de Point Hope. He viajado mucho, pero nada ha sido tan intenso como aquella experiencia. Incluso ahora, el paisaje de aquella noche está grabado a fuego en mi mente.

Mientras exhalaba chorros de agua, una ballena de Groenlandia[41] avanzaba lentamente desde el otro lado del bloque de hielo en el que acampábamos. Todos conteníamos la respiración y mirábamos fijamente hacia ese punto. El mundo helado que nos rodeaba se teñía con los colores de un misterioso sol de medianoche, y una luna llena se alzaba en los cielos.

41 *Balaena mysticetus*, también conocida como ballena boreal o ballena cabeza de arco.

Los umiak —botes hechos de piel de foca— estaban alineados a unos cien metros sobre el hielo, y los hombres se escondían junto a ellos, inmóviles como si estuvieran congelados. El tiempo parecía detenido, y la única cosa que se movía en ese mundo era la ballena de Groenlandia que avanzaba sin sospechar nada. Lo que nunca olvidaré es el silencio. Era una quietud tan profunda que casi se podía oír la respiración de la ballena.

Como si lo hubieran acordado, simultáneamente una decena de umiaks se deslizaron hacia el mar. Muchas sombras avanzaban sin hacer ruido hacia un solo punto en el brillante mar. Era hermoso, increíblemente hermoso, ver la actividad de los pequeños humanos dentro del enorme recipiente que es la naturaleza.

Un mes estuve en aquella expedición de caza de ballenas y siempre recordaré las diversas escenas que allí viví. Fue Earl quien me brindó esta oportunidad. Él intercedió ante los ancianos del pueblo para que yo, un forastero, pudiera acompañarlos en esta cacería a la que rara vez se permitía el acceso externo. Earl era un hombre de carácter fuerte y peculiar, pero en su expresión, mirada y gestos, yo percibía la sangre esquimal que fluía por sus venas, una herencia ancestral que palpitaba con fuerza.

Así fue que en la tarde de las Olimpiadas, mi esposa y yo fuimos al lugar de entrenamiento en la Universidad de Alaska. Ya le había contado a Earl por teléfono que nos habíamos casado el año pasado y que pronto sería padre. Antes de abrir la puerta, se escuchaba el ritmo fuerte de los tambores. Unos veinte habitantes del pueblo estaban tocando tambores tradicionales, cantando y bailando. Nos unimos a los espectadores y desde lejos vimos a Earl saludándonos con la mano.

Nos sentamos en silencio para no interrumpir la práctica. Vi al anciano John Octrick, quien había sido el capitán de la caza de ballenas, y a su querida esposa, Molly. John me vio inmediatamente y le susurró algo a ella. También vi a Ernest y Peter, que pertenecen a la próxima generación. ¡Qué nostalgia me invadía!

Las sesiones de práctica son divertidas y exigentes, y los ancianos son implacables en sus consejos a los niños que bailan la danza esquimal. Point Hope era conocida por tener la danza más poderosa de toda Alaska.

De repente, Earl se levantó. Me parecía que bailaba solo. Nunca antes había visto a Earl bailar. Giró hacia nosotros, levantó ambos brazos y gritó con fuerza:

— ¡Michio, voy a bailar para ti!

De repente, sentí todas las miradas sobre mí y no supe qué hacer.

El ritmo de los golpes sobre la piel de foca y los movimientos poderosos de Earl comenzaron a sincronizarse, y mientras él recorría el amplio espacio del lugar, en medio de las canciones del pueblo, se transformaba en una especie de animal. La energía que emanaba de su cuerpo, sus ojos que parecían mirar a lo lejos... su baile evocaba la presencia de antiguos pueblos que han estado conectados a lo largo de los siglos. De repente, recordé a su difunto padre. Él fue uno de los últimos en vivir cuando los esquimales eran verdaderos esquimales. Hubo una noche en el pueblo de Point Hope en la que escuché sus viejas historias sobre la caza de ballenas.

Cuando terminó la práctica, todos se unieron en una oración. Luego, me abracé con John, Molly, Earl y todos los demás, celebrando nuestro reencuentro después de tanto tiempo.

A medida que avanzaba la noche, el recinto de los Juegos Olímpicos Esquimales estaba repleto de miles de personas.

Finalmente, llegó el momento de que la gente de Point Hope bailara. Comenzaron los potentes tambores y cantos, y los adorables niños esquimales, los ancianos y las mujeres, cada uno contando su propia historia a través de sus danzas. Entonces llegó el turno de Earl. Frente a la multitud que llenaba el recinto, este hombre bailó como pez en el agua, y su danza, llena de alma, emocionó al público. Entre los aplausos que surgían, me sentí increíblemente feliz y orgulloso, como si fuera un logro propio. Quería que todos supieran que yo había remado junto a ese hombre en un umiak, persiguiendo ballenas en el Océano Ártico.

Al día siguiente, el jefe del pueblo, John Octrick, su esposa Molly y Earl visitaron mi casa. Yo respetaba profundamente a John, quien —además de ser el líder espiritual de Point Hope, donde aún se conservan fuertes tradiciones— era como un padre para mí, y él me trataba como tal.

Compartimos recuerdos de la caza de ballenas que tuvo lugar trece años antes.

—Recuerdo aquella noche tranquila cuando la ballena apareció, y tú corriste sobre el hielo y todos te reñían.

—Sí, es que no sabía que el ruido podía alertar a la ballena.

La conversación eventualmente se desvió hacia el inminente nacimiento de mi hijo.

—Vamos a darle un nombre esquimal ahora.

—¿De verdad?

—Nipik... —dijo Earl— el nombre de mi madre. Seguro que le haría muy feliz.

Recordé a una anciana de Point Hope, aún viva a sus ochenta y cinco años, con su cabello completamente blanco. Aunque solo se trataba de heredar un nombre, sentí como si algo importante nos estuviera conectando.

De repente, el anciano John Octrick comenzó a tararear una vieja canción esquimal, suavemente, como si estuviera hablándole a alguien. Mientras la cálida luz estival se filtraba por la ventana, todos escuchamos atentamente esa canción.

SITKA

Probablemente Sitka sea la ciudad más bonita de todo el estado de Alaska. Ubicada en la isla Baranof, una de las innumerables islas que flotan en el mar del sureste de Alaska, esta ciudad portuaria fue en el siglo XIX la capital de ensueño conocida como el «París del Pacífico» bajo el dominio del Imperio Ruso, que controlaba esta tierra para el comercio de pieles.

En una época en que San Francisco aún era un pequeño pueblo rural, Sitka no solo era el centro cultural de la costa del Pacífico, sino también una ciudad pintoresca rodeada de bosques y lagos que conservaban el legado de antiguos glaciares.

En 1856, tras ser derrotado por la alianza anglo-francesa en la Guerra de Crimea, el Imperio Ruso decidió deshacerse de Alaska, y en 1867 vendió todo el territorio, incluidas las Islas Aleutianas, a Estados Unidos por solo 7.2 millones de dólares. Después de eso, la capital se trasladó a Juneau —que florecía con la fiebre del oro— y la prosperidad de Sitka declinó rápidamente. Pasó otro siglo, y esta ciudad desapareció por completo de la escena histórica.

Sin embargo, para mí, como para muchos otros habitantes de Alaska, Sitka siempre había sido un lugar anhelado, un sueño de vida. Los profundos bosques de coníferas que se extienden hasta la costa, las montañas con glaciares, las ballenas jorobadas que llegaban a las bahías de las islas exhalando chorros de agua, la ciudad envuelta en una llovizna constante, y la gente que parecía respirar al ritmo de la antigua naturaleza.

En agosto, mientras surcaba el mar del sudeste de Alaska en busca de ballenas, decidí hacer una escala en Sitka después de diez años. Un amigo que nació y creció en esta ciudad me había dado los nombres de algunas personas con las que debería reunirme.

Sin planes preestablecidos, encontré, por suerte, un acogedor alojamiento regentado por una familia indígena. Los tlingit, aunque derrotados por la invasión rusa, eran un pueblo orgulloso que aún conservaba la tradición de los tótems, esos majestuosos postes tallados que representaban a sus ancestros. La dueña de la casa era una señora indígena de porte señorial que había superado los sesenta años. Al parecer, había habilitado como hostal una habitación que sus hijos ya no usaban. En ese momento, la familia de su hija estaba de visita, y esa noche se celebró una cena con parientes y vecinos. Georgina, la hija, estaba casada con un hombre blanco y tenía un hijo de diez años. Ella era una mujer hermosa y encantadora, en cuya sangre fluía intensamente la herencia tlingit, y parecía estar desempeñando un papel importante en la atención médica y el bienestar de los nativos de Alaska. La expresión llena de amor de su madre mostraba claramente que estaba muy orgullosa de ella.

La gente estaba disfrutando de una velada modesta pero agradable, saboreando los 20 kilos de salmón real pescados ese día por el hijo de diez años de Georgina. Contemplé suavemente los rostros de estos ancianos, que habían vivido su vida con dignidad en medio de la grandeza de la naturaleza.

Durante la conversación en la mesa de la cena, supe que recientemente había ocurrido un incidente. Al parecer, un hombre que pescaba en un pequeño bote en el mar cercano encontró una ballena enorme, y tanto él como su bote fueron lanzados al aire por la cola del cetáceo. El hombre, que fue arrojado al aire, cayó sobre la ballena y, según se dice, nadó un rato sobre su lomo.

Mientras escuchaban esta historia casi de cuento de hadas, los ancianos no parecían sorprenderse. Con una expresión serena, contemplaban el mar a través de la ventana. Sus ojos, llenos de la sabiduría de las generaciones pasadas, observaban el vaivén de las olas, como si revivieran otros tiempos en su memoria. Al mismo tiempo, miraban a los niños que vivían en la nueva era, con ojos que reflejaban la esperanza y la nostalgia por un mundo que ya no existía. Y los niños, a su vez, parecían vivir con plena seguridad en sí mismos, pero en algún rincón de su alma se preguntarían si no habrían olvidado algo importante. Sin embargo, en el flujo del tiempo, la vida de las personas también cambia continuamente y, como las nubes que se mueven sin cesar, nuestras formas nunca vuelven a ser las mismas. Quizás fue por eso que sentí una mezcla de dulzura y melancolía, porque percibí esa atmósfera en el paisaje de la gente.

Una de las personas a las que mi amigo me había dicho que debía visitar era Patty, una mujer blanca que trataba de aprender sobre las hierbas medicinales de los indígenas. Ella apareció acompañada de dos ancianas tlingit y me llevó al bosque a recoger *devil's club*. El *devil's club* es una planta con muchas espinas en el envés de sus hojas y es una de las más difíciles de encontrar cuando se camina por el bosque.[42] Sin embargo, se dice que el té hecho al raspar la corteza del tallo es una de las hierbas más poderosas de la medicina local.

Mientras entrábamos en lo profundo del bosque, gracias a las ancianas no tardamos en encontrar el *devil's club* creciendo exuberante a nuestro alrededor. Una de ellas había sido diagnosticada con cáncer anteriormente y los médicos le habían dicho que no sobreviviría. Ya habían pasado cinco años desde entonces. Pensaban que era un milagro. Pero la anciana nunca les contó sobre las hierbas que había estado tomando en secreto.

—Y la razón es la siguiente —me explicó Patty—. Desde niñas, les han inculcado que nunca deben revelar a los blancos sus secretos más preciados. La religión (el chamanismo), la lengua, todo ha sido arrebatado por los blancos... Hace mucho tiempo, cuando era niña, escuchó de su padre una historia sobre un oso herido en el bosque que masticaba los tallos del *devil's club* y los aplicaba en sus heridas. Realmente creo que pudo haber sucedido algo así.

Patty continuó su relato mientras ayudaba a las dos ancianas a raspar los tallos de la planta en la penumbra del bosque.

—Empecé a interesarme verdaderamente por las hierbas medicinales cuando fui guiada por una anciana indígena que conocí la primera vez que vine a esta tierra. Ella poseía un conocimiento sorprendente y me lo enseñó a la manera de los indígenas. Es decir, escuchando en silencio... Cada planta tiene algún tipo de poder, y para recibir ese poder, debes acercarte a ellas en silencio, escuchando atentamente...

42 En español, se suele traducir como mazo (o garrote) del diablo. Hace referencia a la especie *Oplopanax horridus*. En el texto original, Hoshino aprovecha para mencionar también el *haribuki* (ハリブキ), *Oplopanax japonicus*, otra especie del género, pero distribuida por el noreste asiático.

Al día siguiente, visité a una mujer llamada Jamie, que vivía en un bosque junto al mar, a unos veinte kilómetros de Sitka. Me habían dicho que debería visitarla porque su familia llevaba una vida realmente dura en la naturaleza.

Cuando llegué a una cala desierta y silenciosa, Jamie me recibió en la playa. Su hijo de cuatro años estaba sentado solo en una roca que había quedado al descubierto con la bajada de la marea. Al ver la cara sencilla y resistente de ese pequeño, pude imaginar cómo había sido la vida de esta familia. El padre y su hijo de quince años habían salido a pescar y no regresarían por un tiempo.

Jamie era una mujer pequeña y tranquila, difícil de imaginar que pudiera llevar una vida así, tan alejada de la civilización, sin agua corriente ni electricidad. Adentrándonos un poco en el bosque desde la playa, encontramos una vieja cabaña desgastada por los años. Pensé, como siempre, que hay muchas formas de vivir. Así comenzó mi conversación con Jamie, a quien conocía por primera vez:

—Alguien dijo una vez que solo hay dos tipos de personas en el mundo: las que llevan vidas extrañas y emocionantes, y las que aún no has conocido... Es decir, que no hay nada tan interesante como la vida de cada persona en este mundo —dijo Jamie esto al describir la vida en esta cala poco frecuentada.

Y continuó:

—A veces, cuando alguien viene aquí, se siente conmovido por la belleza de la vida en la naturaleza. Pero al cabo de una semana, todos se rinden. No pueden soportar la soledad, el aislamiento... Yo también he pasado por eso. He tenido que enfrentar una soledad tan profunda que dolía. Pero en algún momento, logré superarla y encontré un extraño equilibrio interior... En la ciudad, podemos evitar constantemente la soledad que llevamos dentro. Encendemos la televisión, llamamos a un amigo... Hay muchas maneras de no enfrentar esa soledad... Pero aquí, no puedes hacer eso. En cambio, descubrí una paz interior que solo se puede alcanzar sufriendo y superando esa soledad...

La belleza de Sitka reside en la profundidad del bosque que se extiende detrás de ella. Por ahí se cuela en silencio el llamado de los ancestros.

Sitka es una ciudad en la que anhelo vivir algún día.

VUELO NOCTURNO

—¡Michio, viene una tormenta de nieve! Si no salimos de aquí ahora, estaremos atrapados durante una semana, la presión atmosférica está bajando —dijo Don Ross, que acababa de aterrizar en el campamento base, nada más salir del Cessna.

—¿Podremos llegar a Fairbanks? Nos tomará toda la noche.

Nos encontrábamos cerca de la desembocadura de un río en el océano Ártico. Solo ayer, miles de caribúes habían pasado por aquí como una ola. Era agosto, ¿cómo podía ser posible? Hasta ayer mismo llevábamos camisetas, y ahora se avecinaba una borrasca.

—¡Ya está bien! ¡Basta de divagar! —detuvo mis pensamientos.

La cordillera de Brooks ya había desaparecido de nuestra vista. Un velo gris, que no sabía si era nube o niebla, había descendido hasta la tundra y se acercaba a nosotros como un muro. Era solo cuestión de tiempo. Teníamos que despegar de la tundra antes de que el viento comenzara a soplar.

Desmontamos la tienda de campaña y cargamos nuestro equipo en la pequeña avioneta Cessna como si estuviéramos huyendo. Incluso yo podía darme cuenta de que un gran frente de baja presión se acercaba, ya que las nubes se movían anormalmente rápido. Había pasado por situaciones similares varias veces, pero eso no significaba que uno se acostumbrara. Un solo error, un momento de mala suerte, y todo se acabaría.

Volábamos casi al ras del suelo, evitando entrar en el ominoso velo que se cernía sobre nosotros. Ascendiendo lentamente mientras sorteábamos las ondulaciones de la tundra y cruzábamos varios valles, la lluvia mezclada con aguanieve comenzó a golpear las ventanas. Ciertamente, nevaría.

Un leve presentimiento de inquietud me recorrió. Era inevitable que la noche nos alcanzara mucho antes de llegar a Fairbanks. Y eso significaba que, en caso de cualquier problema, no podríamos aterrizar en el camino. Pero ya habíamos despegado. No había otra opción que confiar en Don.

Las oscuras nubes nos rodeaban cada vez más, y el Cessna se deslizaba a través de los huecos. Si una ruta se cerraba, teníamos que dar media vuelta y buscar otra. La situación cambiaba minuto a minuto. Volábamos en zigzag, siguiendo el movimiento de las nubes, y yo ya no sabía dónde estábamos. No había tiempo para hablar; solo mirábamos fijamente hacia adelante.

De vez en cuando, a través de las brechas en las nubes, podía ver un río fluyendo por medio de los valles escarpados de la cordillera de Brooks. Una vez en sus montañas, no había lugar para aterrizaje de emergencia. Teníamos que cruzar esa cordillera de alguna manera. «Estoy bien, Don está bien», me repetía a mí mismo.

Varios pilotos de *bush flying* que conocía ya habían muerto antes. Muchos de ellos eran realmente buenos pilotos. Pero en esta parte del mundo, la buena habilidad no siempre evita los accidentes. Están volando en la tierra salvaje de

Alaska todos los días. Al parecer, sacar una mala carta es más una realidad que una posibilidad. Lamentablemente, parece que es la que se repartirá en cuestión de tiempo. Porque esa realidad es la que atrae a los *bush pilots* a Alaska.

Sin embargo, hay pilotos que poseen una habilidad innata para esquivar estas cartas invisibles. No se trata de una cuestión de técnica de vuelo ni de capacidad de juicio, sino de una cualidad sutil que reside en el ser humano. Intuía que Don poseía esa cualidad intangible. Tal vez estuviera relacionada con la suerte en su sentido más amplio.

Tras dos horas de lucha titánica, cruzamos la cordillera de Brooks. La noche había caído por completo, pero las nubes se abrían ligeramente, dejando entrever alguna luz estelar, señal de que nos alejábamos de las bajas presiones. Al sobrevolar el río Yukón, el cielo se terminó de despejar y, para nuestra incredulidad, se llenó de estrellas. Era como si nos hubieran tomado el pelo, pero a pesar de todo, un suspiro de alivio recorrió nuestros cuerpos.

Finalmente, pudimos hablar con tranquilidad y nos pusimos los auriculares. Al acercar el pequeño micrófono a la boca, podíamos conversar por encima del ruido del motor sin forzar la voz. Don y yo siempre hacíamos lo mismo durante los vuelos: conversar sobre todo tipo de temas. Nuestros sueños para el futuro, recuerdos de sus vuelos a los campamentos de refugiados en África, los cambios que experimentaba Alaska, el futuro de la humanidad... Aunque normalmente bromeábamos mucho, por alguna razón siempre terminábamos hablando de este tipo de cosas. La irrealidad de volar parecía elevar nuestros pensamientos.

Sin embargo, esta noche, hablábamos poco. Las corrientes de aire se estabilizaron y el vuelo se volvió tranquilo. Era la primera vez que volaba en una avioneta Cessna de noche.

Las estrellas brillaban tan intensamente que me recordaban a una escena de *Vuelo nocturno* de Saint-Exupéry.[43]

El paisaje de alrededor no se movía, así que era como si estuviéramos flotando en un mar de noche. Montañas, ríos, bosques, todo el mundo se veía solo como contornos difusos en la oscuridad. Como un búho llamando desde el bosque nocturno, el simple hecho de no poder ver algo parecía transmitir muchas cosas. Probablemente por eso estábamos tan callados. La vida se volvía abstracta y, por lo tanto, fundamental.

Aunque vagamente, sabía lo que Don estaba pensando en ese momento. No podía olvidar lo que su esposa me había dicho recientemente: «ese hombre cree que va a ser el siguiente».

El otoño pasado, uno de nuestros compañeros y el mejor amigo de Don, también piloto, perdió la vida. Poco antes de eso, dos *bush pilots* que conocíamos murieron una tras otro. Quería consolar a Don, que estaba devastado, pero sabía muy bien lo inútil que era. Y, cuando llegó el invierno, Don se fue en un largo viaje. Compró una pequeña y vieja autocaravana y recorrió todo Estados Unidos visitando a personas queridas. Al regresar de ese viaje, Don comenzó a recuperarse poco a poco de su pena. Sin embargo, esa sensación de soledad inevitable seguramente siempre lo acompañaba. Además, su amigo desapareció en la cordillera de Brooks en un día de borrasca inesperada, como

43 *Vol de nuit*, 1931. La obra narra la historia de Rivière, un jefe de pilotos de correo aéreo en la Patagonia argentina, que debe tomar una difícil decisión durante una fuerte tormenta: enviar a uno de sus pilotos, Fabien, a realizar una peligrosa misión a pesar de las condiciones adversas. La novela explora temas como el coraje, la responsabilidad, la muerte y el sentido de la vida en el contexto de la aviación temprana.

este. Quería contestarle a ella: «no te preocupes, Don no va a morir», pero no pude.

Recordé una tarde de verano que pasé con Don hace muchos años. Mientras seguíamos la gran migración de caribúes, volábamos sobre la vasta tundra del Ártico. De repente, vimos una tierra teñida de color rosa debajo de nosotros y decidimos aterrizar, dando vueltas para averiguar qué era. También estábamos cansados de volar y buscábamos un lugar para descansar.

Después de varios rebotes, el Cessna se detuvo en lo que parecía un mar de flores hasta donde alcanzaba la vista. Rodeados de un horizonte infinito, la inmensidad de ese espacio casi nos embriagaba. Empezamos a caminar sin rumbo fijo. No había ni un solo caribú a la vista, solo pequeñas flores árticas meciéndose en el viento. Hay veces en que uno siente que recordará un paisaje ordinario con una nostalgia irresistible: una pradera ondulante al viento, el color de un musgo extraño en una roca... cosas que no son especialmente únicas pero que se sedimentan en el fondo de tu memoria.

Cuando cruzamos las bajas montañas de White Mountains, vimos las luces de la ciudad de Fairbanks. Aunque pequeña, para nosotros que regresábamos de tierras salvajes, parecía una gran metrópoli. Y aunque era consciente de su artificialidad, me gustaban las luces de la ciudad. Las innumerables farolas que se observaban desde el cielo abstraían la actividad humana y me inspiraban una ternura inexplicable.

VALLE DE LOS DIEZ MIL HUMOS

Al llegar a la cima de la colina, se desplegó ante mis ojos la panorámica completa del «Valle de los Diez Mil Humos» (Valley of Ten Thousands of Smoke). La luz del sol crepuscular se filtraba entre las nubes, bañando el árido y majestuoso valle en un tono ocre inexplicable. ¡Qué paisaje tan hostil al hombre! Solo el juego cambiante de luz y sombra animaba la escena, en una completa ausencia de vida. Los profundos cañones que surcaban el terreno ya estaban sumidos en la sombra, acentuando la atmósfera fantasmal de este mundo lunar.

Resulta imposible imaginar que, en un pasado remoto, este valle estuviera cubierto de un verde bosque hasta el día fatídico en que cambió para siempre. Ese es el poder inescrutable de la naturaleza. Un capricho que arrasa con todo lo que ha construido con paciencia, reduciéndolo a la nada. ¿Acaso la naturaleza carece de sentido en sí misma?

A lo lejos, el imponente monte Katmai, imperturbable, emite columnas de humo blanco. Sentado en la hierba de un acantilado con buena vista, donde hemos instalado la tienda, me invade una oleada de melancolía. ¿Habría vivido mi amigo T, hace veinte años, su última noche bajo una tienda similar? Sentado en la tierra volcánica, contemplando el valle al atardecer, un día lejano de verano resurge en mi memoria como si fuera ayer. Sin embargo, los recuerdos amargos se habían transformado en entrañables con el paso del tiempo, como en un caleidoscopio. Comenzó a soplar una ligera brisa. Pronto, el sol se pondría tras el hombro del monte Katmai.

El Parque y Reserva nacional Katmai es un extenso parque nacional ubicado en el suroeste de Alaska. Salpicado de innumerables lagos, constituye el mayor paraíso mundial del salmón, que remonta los ríos en verano para desovar. Aunque había visitado esta tierra varias veces para fotografiar osos, era la primera vez que me adentraba en el «Valle de los Diez Mil Humos». En el pasado, existían varias aldeas en las proximidades del monte Katmai, pero ahora no queda ni rastro de ellas. El Cinturón de Fuego del Pacífico —la cadena volcánica que se extiende desde Japón hasta las Islas Aleutianas— llega hasta aquí, borrando bajo su poder tanto los valles verdes como la vida de las personas.

Los esquimales del pueblo de Katmai sintieron el primer terremoto el 1 de junio de 1912. Las sacudidas aumentaron en intensidad cada día, y a medida que el miedo se apoderaba de ellos, comenzaron a huir hacia la costa, de modo que para la mañana del 6 de junio, el pueblo estaba desierto. El monte Katmai, con sus 2286 metros, es la montaña más alta de la región, pero está oculta tras varias cadenas montañosas, y desde el pueblo solo se puede ver una pequeña parte de su pico en el noroeste. Tal vez por eso, los habitantes no prestaban mucha atención a la montaña, y no había leyendas que mencionaran erupciones anteriores.

El jefe del pueblo de Savonoski, American Pete (un nombre bastante curioso), fue uno de los pocos testigos de la erupción. Pete había salido de caza con sus compañeros al noreste del monte Katmai, a unos 29 kilómetros de distancia, y estaba a punto de levantar el campamento de caza debido a los continuos terremotos. La montaña comenzó a moverse alrededor del mediodía.

Después, Griggs,[44] quien lideró la expedición al valle, registró el relato que escuchó de American Pete.

—El Katmai comenzó a arrojar una tremenda cantidad de fuego y explotó —contó el jefe Pete—. El fuego descendía junto con el humo, acercándose rápidamente. Todos huyeron en sus baidares (canoas hechas de piel de animal). Remaron con tanta prisa que en un solo día llegaron al lago Naknek, pero estaba tan oscuro que no se veía nada. Ceniza caliente caía, era como el infierno.

Sin embargo, tuvieron suerte. Remando por el río Naknek, lograron llegar a la costa. Ese día soplaba un fuerte viento del sur que alejó la mayor parte de los materiales volcánicos de su camino. La magnitud de la erupción, junto con la desolación de la vasta Alaska, explica que no hubiera víctimas mortales y que pocos presenciaran el evento. La ceniza volcánica, transportada por las corrientes estratosféricas hasta África, provocó una caída de 1,8 °C en la temperatura media anual y un verano frío en todo el hemisferio norte.

Tres años después, en 1915, la expedición de Griggs fue la primera en visitar este valle transformado por la ceniza volcánica. El objetivo de Griggs, un botánico, era estudiar el estado de la zona alrededor del monte Katmai y evaluar la recuperación de la vegetación en la tierra. Un antiguo film de 16 mm que documenta este viaje aún se conserva. En él se puede observar cómo los exploradores avanzaban lentamente hacia el valle, nadando a través de la espesa capa de ceniza volcánica, a veces hasta la cintura. Al llegar a la cima de la última colina, se encontraron con un panorama

44 Robert Fiske Griggs.

sobrecogedor: un valle inmenso cubierto de vapor que brotaba como de innumerables chimeneas.

Griggs, impactado por esta visión, nombró el lugar «El Valle de los Diez Mil Humos». En las fotos de la época, se puede ver a los miembros de la expedición cocinando con una sartén sobre el suelo, o levantando con facilidad grandes rocas con ambas manos. El valle de Katmai, que una vez estuvo cubierto de un verde profundo, había cambiado en un solo día.

Más de medio siglo ha pasado desde entonces y ahora, el «Valle de los Diez Mil Humos» que se extiende ante mis ojos se ha enfriado por completo. En este paisaje apocalíptico, solo se escucha el sonido del viento. Sin embargo, puedo imaginar claramente el paisaje que vio Griggs. El monte Katmai, que parece tranquilo, tal vez algún día vuelva a despertar, al igual que la tierra sobre la que nos sentimos tan seguros, que en realidad no es tan estable.

Recordé a T de repente porque desde aquel día, hace veinte años, siempre he sentido algo especial por los volcanes. Es un sentimiento de familiaridad, como si yo mismo perteneciera a ellos. Cada vez que un volcán erupciona en alguna parte del mundo, presto atención al sonido.

T, mi amigo desde la secundaria, y yo siempre compartimos una misma admiración. Un sueño vago de visitar tierras lejanas y desconocidas, conocer personas con valores diferentes a los nuestros, y experimentar la fuerza de la naturaleza que no puede ser controlada ni siquiera con la sabiduría humana. Exploradores de Asia Central como Hedin, Shipton, y Arséniev eran nuestra inspiración. Especialmente, estábamos fascinados por los desiertos, las altas montañas y la interminable taiga que se extendía detrás de ellos; nuestro interés por las maravillas de la naturaleza era inagotable.

Cuando nos convertimos en estudiantes universitarios, yo me fui a Alaska y T se adentró en las tribus de las montañas filipinas. Quizás ambos buscábamos otra realidad, algo invisible que se escondía en la rutina diaria, algo que sacudiera los cimientos de nuestra existencia. Tal vez anhelábamos encontrar un espejo que reflejara nuestra propia imagen, ya sea en la naturaleza o en la vida de los demás. Un espejo claro y nítido que nos hiciera sentir vivos.

Ese verano, T se encontraba escalando una montaña en Nagano. Su intención era acampar en una cueva natural ubicada justo debajo de la cima. Sin embargo, debido a que los excursionistas que habían utilizado la cueva anteriormente la habían dejado en un estado deplorable, T cambió de planes y decidió subir a la cima para montar su tienda. Al menos eso es lo que escribió en su diario.

¿Habían comenzado ya los temblores previos a la erupción? ¿Habría escuchado el estruendo sordo que provenía de las profundidades de la tierra? ¿Los animales y las aves habrían sentido el cambio y adoptado un comportamiento inusual? Nadie podría haber imaginado que esa noche, la montaña que había estado dormida desde la época Edo entraría en erupción.

¿En qué laberinto del tiempo se vio envuelto T? Sin embargo, ¿no era ese precisamente el mundo sobre el que siempre conversábamos? En sus últimos momentos, ¿habría girado la cabeza para contemplar el volcán que rugía a sus pies? T nunca regresó, pero aún recuerdo esa extraña sensación que me invadió aquel día. Sin darme cuenta —olvidando por un instante la tristeza que me consumía— me encuentro preguntándome una y otra vez qué vio T aquella noche.

NOMEOLVIDES

Una noche de noviembre, en medio de una ventisca en el Círculo Polar Ártico, me enteré del nacimiento de mi primer hijo. La tormenta parecía interferir en la señal, ya que la voz que me transmitía la noticia llegaba débilmente a través de la radio. Cuando la apagué, sentí que una especie de emoción brotaba de lo más profundo de mí. Apagué el frontal y me acurruqué en el saco de dormir. Sin embargo, el sueño se negaba a llegar, mientras mis oídos se llenaban con el rugido del viento en la oscuridad y varios pensamientos se agitaban en mi cabeza.

Habían pasado dieciséis años desde que comencé mi viaje por Alaska. En algún momento de ese periodo, aunque es difícil localizar el momento preciso, empecé a pensar en sentar cabeza. Este cambio de perspectiva probablemente surgió de mi cansancio e insatisfacción por estar siempre en movimiento. Sin duda, también contribuyó la conciencia de que mi tiempo en este mundo era finito. Fuera cual fuese la razón, en cuanto decidí echar raíces, el paisaje que me rodeaba sufrió un cambio definitivo. O mejor dicho, aunque el paisaje seguía siendo el mismo, la naturaleza y sus múltiples formas de vida se volvieron transparentes para mí, como si hubiera quitado un cristal empañado.

Hasta ese momento, por mucho que me hubiera adentrado en las entrañas de Alaska, había sido un mero espectador que veía cómo se desarrollaban acontecimientos increíbles en una pantalla. Entonces, antes de darme cuenta, sentí como si mi efímera existencia se hubiera unido a la fuerza vital de innumerables seres. Desde los grandes rebaños de caribúes en su largo viaje a través de la tundra, pasando por las ballenas jorobadas que surgen de las aguas del sureste, hasta los pueblos nativos que llaman hogar a esta tierra —incluso las montañas, los ríos y los vientos insensibles—, todo empezó a conectar conmigo más íntimamente que nunca.

Hace ahora un año y medio que mi mujer y yo nos casamos, y ella se trasladó aquí desde Japón. Una de sus pasiones son las flores, y juntos encontramos muchas variedades en nuestras expediciones fotográficas a la Alaska septentrional. Las robustas pero adorables flores que nos recibieron en las tierras salvajes del Ártico la cautivaron de verdad, y pareció apreciar inmediatamente cómo su aparición durante el breve verano trae consuelo después del largo invierno. Si las flores de Alaska florecieran todo el año y no hubiera estación de oscuridad, dudo que aliviaran el corazón humano de la misma manera.

Gracias a su influencia, he aprendido a ver las flores de nuevo y poco a poco estoy empezando a experimentar fotografiándolas por primera vez. Hasta hace poco, mi atención siempre se había centrado en la inmensa majestuosidad de la naturaleza, por lo que el paisaje que solo se revela cuando estás agachado me resultaba novedoso.

El año pasado visitamos las islas Aleutianas expresamente para fotografiar flores. Situado en el mar de Bering, este archipiélago alberga ecosistemas únicos, distintos de los del continente, probablemente porque nunca se congelaron en la última Edad de Hielo. Sin árboles, con vientos helados que soplan constantemente, su entorno es implacable y sombrío. Sin embargo, las grandes extensiones de flores que vimos allí eran gloriosas, y mostraban una belleza inconfundiblemente distinta de las que florecen en climas meridionales rebosantes de calor y luz. Para mi mujer, acostumbrada a decorar su casa con las flores que se venden en las floristerías de la ciudad, fue toda una revelación.

Lo que más me impresionó en aquel viaje fueron las nomeolvides. Empezamos a buscarlas nada más desembarcar, con la esperanza de comparar las especies de las Aleutianas con las que veíamos en el continente, pero al principio tuvimos poca suerte. Siguiendo el consejo de algunos habitantes de las Aleutianas, subimos a una ladera cubierta de grava y miramos por todas partes. No fue hasta que nos agachamos un momento que las vimos justo a nuestros pies. La dificultad para encontrarlas se hizo entonces evidente. No se trataba de las flores habituales que veíamos extenderse a la brisa, sino de pequeñas bellezas discretas que se escondían entre las sombras de las rocas.

«¿Sabes cuál es la flor del estado de Alaska?». He perdido la cuenta de cuántas veces he preguntado esto a alguien con una sonrisa cómplice. Me encanta que las nomeolvides, flores tan entrañables que casi resultan trágicas, representen a una región que personifica lo áspero y lo rudo. No es que otras flores del extremo norte, que aprovechan el momentáneo verano para florecer con todas sus fuerzas, sean menos sublimes.

Todavía puedo ver las nomeolvides que florecían alrededor de nuestro campamento a orillas del mar Ártico hace varios años, pétalos de un azul pálido que se desplegaban silenciosamente en recónditas tierras del interior, desapercibidos y sin ser vistos. Fue mientras acompañaba a un equipo de televisión que rodaba un documental sobre la naturaleza. Debido a una serie de contratiempos, el rodaje no se desarrollaba según lo previsto y las horas pasaban sin que se produjera ningún avance.

Comprendía que estuvieran ansiosos por terminar el trabajo e irse a casa, pero parecía que solo pensaban en eso y empecé a sentir que ni siquiera prestaban atención a la naturaleza que les rodeaba. En medio de este ambiente de frustración, acabé por molestarme un poco y decidí hablar en privado con el director.

—Hemos hecho todo lo que hemos podido —intenté decirle—, pero estamos tratando con la naturaleza, así que no podemos esperar que todo salga como queremos. Dentro de diez o veinte años, ¿a quién le va a importar una ligera diferencia en la calidad del metraje? Así que, ¿qué tal si dejas de pensar en el trabajo durante 15 o 30 minutos y reconoces el hecho de que estás aquí y las flores están floreciendo y el viento está soplando y estamos acampando al lado de este océano... No todos los días la gente puede venir a un lugar como este y creo que estás desperdiciando una gran oportunidad... No podemos existir en el pasado o en el futuro, solo en el presente —casi podía oír a los nomeolvides haciéndose eco de mis palabras.

El paisaje alrededor de nuestro campamento era increíble. Un río tan claro que era casi invisible fluía siempre hacia el norte, mientras pequeñas manadas de caribúes nos miraban con curiosidad. Al adentrarnos con cuidado en la tundra, descubrimos hembras de chorlito y playero escondidas en la hierba sobre sus huevos, inmóviles hasta que alguien se acercaba demasiado por accidente. Entonces salían revoloteando al aire libre y fingían arrastrar un ala rota para alejar al intruso de sus crías, mientras un págalo pomarino[45] volaba pacientemente sobre sus cabezas, listo para abalanzarse sobre los nidos abandonados cuando se presentara la ocasión.

En un momento dado, decidí dar un paseo por la ladera que bordeaba el río y descubrí una madriguera marcada por numerosas flores en una zona que, de otro modo, carecería de ellas. Estaba claro que habían sido fertilizadas por los desechos de los habitantes generación tras generación. Me quedé observando un rato, hasta que una cría de zorro salió del agujero y empezó a revolotear entre las flores. Su madre apareció a lo lejos y se acercó corriendo con su presa entre los dientes.

Aunque los resultados no sean como se esperaba al principio, el tiempo que se ha pasado allí existe sin duda alguna. Y lo que finalmente tiene sentido no es el resultado, sino el tiempo inestimable que se ha vivido.

El suave roce de una brisa del Lejano Norte en mi mejilla, el dulce aroma de la tundra estival, la pálida luz del sol de medianoche, el olvidable color de las pequeñas nomeolvides. Levantándome por impulso y concentrando mi atención, quise grabar la sensación del paisaje en mi memoria. Quería atesorar la serie de momentos que simplemente transcurren sin aportar nada. Quería sentir siempre en algún rincón de mi mente el otro tiempo que fluye junto a los frenéticos esfuerzos diarios de la humanidad.

¿Podré algún día transmitir estas cosas a mi hijo? No pude dormir en toda la noche. Prestando atención al sonido del viento, buscaba en la oscuridad los signos de la vida recién nacida que aún no había visto.

---

45 *Stercorarius pomarinus*, también conocido como salteador pomarino. Se distribuye ampliamente por las costas de Europa y América del Norte, y en invierno migra a las aguas del hemisferio sur.

EPÍLOGO

Al viajar por los ríos de Alaska, uno se encuentra con un paisaje icónico de esta tierra. Es la imagen de los abetos que se yerguen horizontalmente desde las orillas del río. A medida que el río erosiona lentamente la tierra y cambia su curso con el paso del tiempo, los árboles del bosque se yerguen en las orillas uno tras otro y van siendo derribados poco a poco. Especialmente en las orillas donde el río serpentea con fuerza, la tierra se erosiona profundamente, muchos árboles se inclinan y muchos ya se han hundido en el agua. También se ven aquí y allá árboles que están a punto de ser arrastrados por la corriente. Me gusta mucho este paisaje caótico, salvaje e imparable. Quizás porque me habla en voz baja del principio de que nada permanece en el mismo lugar y todo está en constante movimiento.

Recuerdo un día, hace mucho tiempo, en la costa del Ártico, cuando era la primera vez que viajaba allí, que intenté fotografiar un zorzal posado sobre un gran tronco flotante. En la tundra del Ártico, donde no crecen árboles, me preguntaba con curiosidad cómo había llegado ese tronco a la costa. Era un abeto que había sido arrastrado por el río, había realizado un largo viaje hasta el mar, y luego había sido transportado por las corrientes marinas hasta llegar un día a una remota costa del norte. Ya no tenía la forma de abeto, con sus ramas caídas y su corteza completamente descascarillada, elevándose hacia el cielo. Sin embargo, ese tronco se convertiría en un punto de referencia en el paisaje, no solo un lugar para que un zorzal se posara, sino también un punto donde un zorro ártico marcaría su territorio. Y con el tiempo, el tronco se descompondría lentamente, nutriendo el suelo circundante y quizás algún día haciendo que florezcan flores allí. Pensando en esto, la línea entre la vida y la muerte de ese tronco flotante se vuelve borrosa, y me da la sensación de que todo está en un viaje interminable.

Mirando hacia atrás, ya han pasado diecisiete años desde que llegué a esta tierra. Terminé mi época de nómada como diente de león por el aire, construí una casa y comencé a vivir aquí. Al hacerlo, el paisaje de Alaska comenzó a parecerme diferente. Y desde que me casé y me convertí en padre, esta tierra ha comenzado a mostrarme un paisaje diferente una vez más. El contenido de este libro es una crónica de esos años. Seguramente, como ese abeto solitario, todos estamos en un viaje a lo largo de nuestras vidas. Y creo que la humanidad también está viajando dentro de un flujo de tiempo mucho más grande.

Primero, me gustaría agradecer a Yutaka Yukawa de Bungeishunjū, quien estructuró todo este libro y siempre me alentó.[46] También, muchas gracias al equipo editorial de

46 Puesto que el volumen de escritos publicado originalmente en la revista infantil *Haha no Tomo* no era suficiente para componer *El árbol viajero*, Hoshino tenía que aumentar sus ensayos. Sin embargo, era una época muy ajetreada para el autor, por lo que Yukawa le sugirió que, durante sus expediciones por Alaska y el resto del mundo, le escribiera cartas de vez en cuando. Yukawa menciona que incluso llamó a casa de Michio para recordarle que le enviara alguna carta... De esta manera, el fotógrafo mantuvo su correspondencia con el editor durante más de un año, de junio de 1993 a noviembre de 1994, asegurando la redacción de la primera parte del libro.

Haba no Tomo de Fukuinkan Shoten, que accedió a publicar una parte de mi serie de dos años como parte del libro.

Las flores de epilobio están empezando a florecer aquí. Cuando estas flores estén en plena floración, el verano de Alaska estará llegando a su fin. En solo un mes, la aurora boreal bailará en el cielo nocturno. La hermosa temporada de otoño del Ártico está aquí una vez más.

Julio de 1995

UN COMENTARIO MUY PERSONAL

POR NATSUKI IKEZAWA[47]

Con la llegada de este verano, habrán pasado tres años desde la muerte de Michio Hoshino.

Dado que este libro se completó mientras él aún vivía, no hay una relación directa entre el hecho de su muerte y el significado de esta obra. Por otra parte, el hecho de que yo haya comenzado a escribir este texto a raíz de su muerte se debe en gran parte a mis propias circunstancias personales. Dejadme explicarlas brevemente.

Él era joven, y por lo tanto, todos sus amigos también éramos jóvenes. Yo era siete años mayor que él, pero incluso hace tres veranos solo tenía cincuenta y uno. Aunque normalmente no se considere a alguien de esa edad como joven, todos lo éramos en el hecho de no estar acostumbrados a sentir la muerte de un amigo. No sabíamos cómo enfrentar la muerte de alguien cercano.

Murió atacado por un oso. Fue un accidente. El azar juega un papel importante en los accidentes. Un pequeño desfase en el tiempo y la posición, una mínima diferencia en las condiciones, un capricho de la naturaleza, y el

47 Poeta, ensayista, novelista y traductor japonés. Actualmente, director de la revista literaria *Bungei*.

resultado habría sido otro. Por ello, para quienes quedamos aquí, el hecho de su muerte fue difícil de aceptar. Nuestros corazones siguen añorando lo que nos fue arrebatado, lo que pudo haber sido: las fotografías del siguiente invierno en Alaska, los escritos sobre los pueblos asiáticos del Este de Siberia el verano siguiente, el tiempo que habría pasado en Fairbanks, en Tokio, en Okinawa... los viajes que podríamos haber hecho juntos.

A decir verdad, no es que nos fuera arrebatado. No había ninguna mala intención en el curso de los acontecimientos, así que decir que nos fue arrebatado es una mala metáfora sin sentido. El placer de encontrarnos con Hoshino, hablar con él, ver sus nuevas fotos y leer sus últimos escritos era una bendición, no un derecho nuestro. Solo podemos lamentar su pérdida.

Pero volvamos al libro. Hoshino amaba Alaska, y a la temprana edad de veintidós años, decidió que viajaría y viviría allí, y para ello se formó en fotografía. Luego, a los veintiséis, realmente se fue a Alaska y vivió allí durante dieciocho años. Se adentró en la naturaleza deshabitada y salvaje y tomó muchas fotografías magníficas de paisajes y animales. Antes de tomar las fotos, vio muchas escenas maravillosas de la naturaleza rigurosa, justa y llena de gracia, y a las personas que viven correctamente en armonía con ella. Y escribió repetidamente sobre la suerte de haber visto eso y de haberse encontrado con esas personas.

Los libros pueden hacer muchas cosas. Pueden impartir conocimientos e información, proporcionar entretenimiento momentáneo, mostrar el sentido de las cosas, guiarte a tierras desconocidas, permitirte experimentar la vida de otras personas y, a veces, provocar indignación. Sin embargo, en última instancia, la función suprema de un libro es transmitir una sensación de bienestar.

Aunque felicidad debería ser el propósito de la vida, muchas personas realmente no saben qué es la felicidad. Hay muchos libros que enseñan cómo ser feliz, pero no todos los que escriben sobre ello son necesariamente felices. Hay pocos libros que enseñan realmente con el ejemplo, es decir, que transmiten el bienestar en sí. Al final, nadie lo termina de comprender.

Lo que Hoshino escribió en *El árbol viajero* es, al fin y al cabo, un informe sobre cómo pasó momentos de bienestar y satisfacción en cada lugar que visitaba o con cada persona que conocía. En realidad, este libro no va de otra cosa.

El pasaje en forma de carta al inicio del libro es el más claro. Cada palabra de la cita es genuina:

> La brisa que acaricia mis mejillas es dulce y sé que la estación está a punto de cambiar. Han pasado quince años desde que me mudé a Alaska y me sigue fascinando cómo se sienten las estaciones aquí, que cambian tan claramente como cuando pasas la página de un libro.

El lector puede sentir la brisa que acarició las mejillas de Hoshino en sus propias mejillas, e imaginar los cambios rápidos día a día en Alaska, desde el deshielo, pasando por el rápido inicio del verano hasta la breve temporada de calor. Pueden sentir en su corazón la felicidad de experimentar eso.

Esto no deja de ser una extensión del sentido japonés de las estaciones, por lo que, personalmente, es fácil de entender. Pero, ¿por qué ver huellas de lobo en la zona agrietada del glaciar Ruth, al sur del Denali, se traduce en un sentimiento de felicidad? Es un lugar que solo se puede alcanzar superando una cresta de entre 4000 y 6000 metros de altitud, y no hay pequeños animales que sirvan de presa en ese desierto helado. No hay razón para que un lobo venga a un lugar así. Los seres vivos son fieles al principio de dejar descendencia después de cumplir con su propia vida, por lo que no hacen cosas innecesarias, inútiles o irracionales. Sin embargo, ese lobo llegó hasta allí. Una fuerza especial que trasciende los principios cotidianos estaba en acción:

> Cuando estoy haciendo mis cosas en la ciudad y pienso en el glaciar Ruth, siempre viene a mi mente también el recuerdo de esa huella de lobo solitario. Era el indicio de que ciertamente estuvo allí solo, el lobo junto al hielo y la inerte roca. Lo recuerdo y no puedo evitar sentir que, de alguna manera, se trata de un lugar muy sagrado.

Este mundo no se rige solo por la lógica. No se trata solo de lo visible. Para realmente familiarizarte con un lugar, no basta con estar allí; debes ver lo que hay detrás del paisaje. Vivir frente a la naturaleza, en la naturaleza y con la naturaleza significa retener las huellas de un lobo que alguna vez viste sobre la nieve frente a ti, y sentir en lo más profundo ese momento en el que el lobo caminaba sobre un desierto nevado.

Hoshino era un ávido lector, por lo que cita hábilmente al mitólogo Joseph Campbell para explicar esto: «Al crear lugares sagrados reclamamos la Tierra, mitologizando los animales y plantas: la hacemos nuestra, transformándola en un lugar con un profundo significado espiritual».

Al hablar de Hoshino y Alaska, tal vez sea mejor hablar un poco más de la sensación de seguridad que se siente al vivir rodeado por tierras salvajes. Los humanos han creado la civilización para escapar de las dificultades de la naturaleza y vivir cómodamente. Esto está muy bien, pero también ha hecho que vivir sea menos un placer vívido y más una experiencia vaga y ambigua.

En pocas palabras, ya no vemos a lo lejos la figura de lobos caminando por la nieve. Ya no usamos el miedo al hambre que se vislumbra en el horizonte para darle sentido a nuestro día a día. Hemos perdido la sensación de vivir. Ya no vemos paisajes espirituales más allá del panorama que nos rodea, y para compensarlo, hemos inventado muchas religiones dudosas. Es decir, vivimos una vida llena de alternativas, amontonando lo imposible sobre lo imposible. Habríamos estado tranquilos si lo hubiéramos dejado todo en manos de la naturaleza, pero nos salimos de ella con nuestra mezquina sabiduría. Y aunque sentimos que esto no es como debería ser, no podemos identificar dónde y cómo nos equivocamos.

La historia del árbol viajero es muy buena. Una semilla de abeto, gracias al comportamiento caprichoso de un piquituerto, cae en la tierra húmeda junto al río y echa raíces. Eventualmente, el árbol crece, pero con el tiempo, la tierra que lo sostiene es erosionada poco a poco por el río, y en las inundaciones de deshielo de primavera, el abeto es arrancado de raíz y llevado por el curso del agua. Podríamos decir que la vida de este árbol fue interrumpida por un accidente. Normalmente, según la visión común de la vida, la historia terminaría aquí. Sin embargo, el abeto arrastrado entra en el mar de Bering desde el río Yukón y, gracias a la corriente marina del Ártico, llega a las costas del norte de la tundra. En la costa de la tundra, donde no hay árboles, el abeto varado se convierte en un punto de referencia notable. Un zorro se acerca, un cazador esquimal se acerca...

En otras palabras, para el abeto, incluso después de que su vida normal de extenderse en ramas, llenarse de hojas y dejar semillas para la próxima generación haya terminado, su papel continúa. La muerte no fue muerte. Finalmente, se convierte en calor y humo en una estufa, pero incluso después de eso, el lector puede imaginar más allá. Los elementos que componían el abeto circulan en la atmósfera y, eventualmente, se integrarán en otro ser vivo. El espíritu del abeto seguirá otro circuito y probablemente habitará en otra forma de vida. Aunque la gente habla a la ligera de la vida eterna o la inmortalidad, en realidad esto es lo que significa. Ojalá todos pudiéramos ser el abeto.

Últimamente, ya no siento la necesidad de lamentar la muerte de Hoshino. A menudo pienso en cómo sería si él todavía estuviera aquí, pero eso es solo un deseo egoísta de los vivos. En realidad, no creo que tengamos derecho a lamentar su muerte. No deberíamos llorar lo que él tendría que llorar.

Por ejemplo, aunque su vida haya sido más corta que la media, ¿qué importancia tiene eso? Lo importante no es vivir mucho tiempo, sino vivir bien. Y no conozco a nadie que haya vivido tan bien y pasado tiempos tan felices como él, tal como se evidencia en este libro. Después de casi tres años, he llegado a la conclusión de que no hay mejor vida que la suya. Tal vez hubo una gran razón, desde el punto de vista de la naturaleza o del espiritual, para que su vida terminara en ese momento por el encuentro con el oso. Probablemente, él mismo lo haya podido comprender. Morir en ese momento no fue algo injusto en absoluto.

Ahora, me parece que el árbol viajero se asemeja a Hoshino. Ese árbol fue arrancado de raíz y derribado por la inundación primaveral del deshielo, pero su tronco navegó por el río hasta el mar, fluyó lejos y se alejó hasta las orillas de hielo y nieve. En cierto sentido, somos como el zorro que marca su territorio para sentirse seguro; nosotros, mediante las fotografías de Hoshino, marcamos nuestra posición en el vasto mundo. Somos como el esquimal, calentándonos con sus experiencias y su bienestar. Ese es el verdadero significado de este libro.

NOTA DEL EDITOR JAPONÉS

Los 21 ensayos de la tercera parte fueron originalmente publicados en la revista *Haha no Tomo* (editada por Fukuinkan Shoten), entre abril de 1993 y marzo de 1995. Para *El árbol viajero*, Hoshino los revisó y enriqueció.

El ensayo «El paso del tiempo», de la segunda parte, se publicó originalmente en *Haha no Tomo* en enero de 1993.

Los demás ensayos fueron encargados al autor expresamente para este libro, publicado originalmente en agosto de 1995 por Bungeishunju Ltd.

ÍNDICE

TERCERA PARTE

El árbol viajero
de Michio Hoshino,
compuesto con tipos Montserrat
en créditos y portadillas, y DGP y
MS Mincho en el resto de las tripas,
bajo el cuidado de Daniel Vera,
se terminó de imprimir
el 19 de septiembre de 2024,
ese mismo día en 1580
Miguel de Cervantes Saavedra
es liberado de su cautiverio en Argel.

LAUS DEO